生活分析から 政策形成へ

地域調査の設計と分析・活用

河合克義・長谷川博康 著
Katsuyoshi Kawai & Hiroyasu Hasegawa

法律文化社

はじめに

　本書は，国民の生活実態を調査という手法を用いて把握し，その実態に根ざした政策のあり方を考え，さらには新たな政策を形成するための方法を述べたものです。具体的には，副題にあるように，調査の設計から分析，そして活用までの手順を示しました。

　本書の特徴は，地域調査の実際のデータを使って調査の各段階を説明していることです。用いたデータは，港区政策創造研究所が2011年に実施した港区におけるひとり暮らし高齢者の全数調査です。港区の実質ひとり暮らし高齢者の全数である5656人が調査対象です。回収数は3974ケース，回収率は69.8％でした。

　昨今，調査手法として各種の多変量解析が用いられています。本書では，ひとり暮らし高齢者の調査データを使って統計の基礎から多変量解析まで，統計的考え方，分析の方法を解説しました。集計ソフトは，IBM社のSPSS Statisticsを使っています。

　この本の一つの強みは，そのSPSS Statisticsを使った分析手法の執筆を，SPSS講習会の講師である長谷川博康さんが担当していることです。長谷川さんは，IBMに合併される前のSPSS社の社員でした。SPSS社主催の講習会から今日のSPSSの講習会に至るまでの講師を担ってきている方です。

　前述の港区政策創造研究所は，2010年2月に新設され，初代所長に私が就任しました。研究所の最初の仕事が，本書で使うひとり暮らし高齢者の全数調査でした。そして，研究所として長谷川さんに特任研究員に就任いただきました。長谷川さんは，この調査の設計から分析の作業まで，情熱をもって一緒に担ってくださいました。本書において，このひとり暮らし高齢者調査のデータを使って調査の方法，分析の手法を長谷川さんに執筆していただけるのは，以上の経過があるからです。長谷川さんは，SPSS Statisticsの操作のみならず，統計手法についての第一人者です。

　一方，私は，長年にわたって全国の多くの地方自治体レベルで各種の調査を

行ってきました。それらの調査のなかで培われた調査の設計から分析までの技法を，本書において読者のみなさんに紹介したいと思います。本書では港区のひとり暮らし高齢者調査（2011年）データを使って述べていますが，必要に応じて他地域調査のデータ，それらの調査で得られたものに触れています。

　さて，本書でいう「生活分析」とはどういう意味でしょうか。それは，かつて福祉領域で一世を風靡したような論，すなわち生活上の諸問題はすでにわかっていることで，生活分析あるいは対象分析よりはサービス供給のあり方を考えるべきだとした流れとは異なるものです。

　エミール・デュルケム（Émile Durkheim, 1858-1917）は，『社会学的方法の規準』（Les Règles de la méthode sociologique）という著書において，実証主義（positivisme）の流れを受け，社会学の研究対象を社会的事実（les faits sociaux）とし，その把握を重視したことは有名です。

　デュルケムは，自分の「方法にはなんら革命的なものはない。それは，ある意味で本質的に保守的なものでさえある。というのは，それは社会的事実を，たとえいかに自在に変わりやすい展性にとんだものであっても，意のままには変形しえない性質の物（choses）のように考察するからである」[Émile Durkheim（1895）Les Règles de la méthode sociologique, 13 édition,《Quadriges》: 2007, Presses Universitaires de France, p.Ⅵ＝宮島喬訳（1978）『社会学的方法の規準』岩波文庫，17頁]と述べています。

　このように，デュルケムの研究方法は社会的事実から出発するもので，「保守的」だと言いつつも，「およそ科学の目的は発見をなすことにあり，しかも，いっさいの発見は，多かれ少なかれ通念にさからい，これを戸惑わせるもの」[Durkheim, 1985：Ⅴ＝宮島訳：15]だというのです。

　私の調査も社会的事実を明らかにすることから出発したいと考えてきました。それが本書のタイトルの「生活分析から」の意味です。この表現は，実は，江口英一先生の本『生活分析から福祉へ』（光生館，1987年）の表現を受け継いでいます。江口先生は，この本において「生活分析」＝「貧困研究」を基礎として，そこから出発して「社会福祉」に遡ろうとしました[江口英一（1998）『改訂新版 生活分析から福祉へ──社会福祉の生活理論』光生館，1〜2頁参照]。

　本書の「生活分析から」という意味には以上のような意味も含んでいます。

　次に，本書タイトルの後半にある「政策形成」とは何でしょうか。この「政策形成」は，単に行政による政策立案を意味するものではなく，より広い意味を込めています。それは，調査で明らかになった事実＝課題に対応するために，いろいろな調査主体が解決方策を立案するということです。つまり，社会福祉協議会，NPO，社会保障・社会福祉関係団体等が調査を実施し，そこからそれぞれの組織の事業，活動あるいは運動のあり方を考え，さらには政策提言までを行うこと，これを政策形成という意味に込めています。多様な主体に本書を活用していただきたいと思っています。

　例えば，社会福祉協議会が地域福祉活動計画を策定する際に，地域と住民の課題を整理するための調査をもっと重視してほしいと私は考えています。住民活動の促進や地域組織化の前提として，地域の実態，住民生活の現実を把握する努力が必要です。

　確かに，社会福祉協議会の事業・活動によって，地域住民が抱える埋もれた問題も発見することができますが，調査は，職員の日常業務，すでにある住民活動では見えない課題を発見する有効な手段です。

　社会福祉協議会が，地域の問題の〈予防〉ということを考えるとした場合，問題を初期段階で発見する必要がありますが，問題が深刻化する前に課題に気づくには，地域住民の生活階層の幅広い実態把握が求められます。こうした把握は，日常業務での把握，既存の住民活動では限界があります。調査の手法で，住民の全階層の課題を整理するなかで，緊急性のある課題を見出し，社会福祉協議会の活動，地域福祉活動，まちづくりの活動の課題にすることができるのです。

　また，NPO，社会保障・社会福祉団体も，自らの活動・運動の方向性を考え，また政策提言をするために調査を重視すべきです。本書では，私が関わった横浜市鶴見区生活と健康を守る会の会員調査を紹介します。生活と健康を守る会は全国組織です。連合会組織で，全国の本部として全国生活と健康を守る会連合会（全生連）があり，また県レベルの連合会，そして地域の生活と健康を守る会があります。

　実は，私も関わっているのですが，今，この全生連と全日本民主医療機関連合会が共同で，それぞれの組織の会員あるいは「共同組織」の個人を対象とした〈「健康で文化的な生活」全国調査〉を実施するための準備をしています。この調査は大規模調査で，調査対象は360万世帯ですが，そこから抽出で調査を実施します。最低，全国で1万ケースぐらいの抽出調査をし，その後，事例調査も実施したいと考えています。この調査は，最低限の生活だけではなく，健康で文化的は生活とは何かを明らかにするもので，具体的には国民生活の現実と意識から安心できる生活保障のあり方を考えようと計画中です。

　本書を，この〈「健康で文化的な生活」全国調査〉を担う方々にも読んでいだければと思っています。

　さて，本書は3部構成からなっています。

　第Ⅰ部は「生活を把握するということ──調査の目的と設計」で，第1章では，「生活分析と地域調査」について述べます。

　社会保障・社会福祉の方向性あるいは社会的活動・運動のあり方を考える出発点は，国民が抱える具体的生活問題を把握することです。その問題が正しく把握されていなければ，対応策も誤ったものとなります。しかし，難しいのは実態を正確に把握できる視点をもっているかどうかです。分析の視点によって，現実の見え方は異なってきます。

　調査は，生活実態を把握する重要な手段の一つですが，調査の前提作業として生活上の問題をいかに捉えるかの吟味が必要です。その際，争点となってきたのは，貧困をどのように位置づけるかです。本書の立場は，貧困問題をベースに生活問題を捉えようとするものです。

　調査による生活の分析作業は，社会保障・社会福祉の対象を把握する一環でもありますが，その際に大切なことは，制度の枠を超えた対象把握の視点です。地域の潜在化している問題，未解決の問題を視野に入れることの重要性に言及します。

　そして，本書では地域調査のアンケート設計から，調査の実施，集計，分析，政策形成の手法を述べるものですが，港区のひとり暮らし高齢者調査のデータを使うということで，港区の位置づけについて述べます。

　第2章は，「地域調査の設計」について述べます。調査を設計する場合に，最も大切なことは調査の目的です。何のため，何を明らかにするための調査であるかを明確にすることが重要です。漠然と調査項目を設定して調査を実施した結果からは，得られるものは多くはありません。調査対象はひとり暮らし高齢者ですが，その高齢者への基本的視点としては，貧困問題を据えて階層分類をし，その階層ごとの孤立状態を把握し，その特徴を量と質の両面から分析することが必要です。

　以上の問題意識から，具体的に調査票の設計のポイントについて解説しました。

　さて第Ⅱ部は「実態を正確に把握する―調査の基本と方法」について述べます。ここでの使用データは，港区のひとり暮らし高齢者調査のものです。まず第3章では，「量的調査①：データ解析の実際」について述べています。データのかたち，データの要約，サンプルデータの考え方，質と質のデータ関係，量と量のデータ関係，質と量のデータ関係について解説します。第4章は，「量的調査②：多変量解析(1)：変数間の関係式（モデル式）」についてです。相関係数から線型回帰へ，線型回帰，ロジスティック回帰，そして各独立変数と従属変数との関係について述べます。さらに第5章は，「量的調査③：多変量解析(2)：変数間の関係性（グループ化）」についてです。ここでは，多変量解析の手法である，コレスポンデンス分析，因子分析，クラスタ分析について解説します。

　以上の統計分析については，SPSS Statisticsを使って具体的に変数の投入の仕方，設定の仕方を解説し，さらに出力結果までカバーしています。本書の特徴として，出力結果を分析に使う最低限のものにしていることは，統計手法について十分な知識をもたない者にとっては，非常にありがたいものとなるでしょう。SPSS Statisticsの多くの出力結果をどのように調査の報告書，研究論文に選んで掲載するかは専門的知識を要求されます。その意味でも本書は，今までにない活用できる解説書となっています。

　さて，第6章は，「質的調査の設計と方法」についてです。一次調査においての量的把握を前提に，二次調査としての事例調査＝質的調査の具体的手順について解説します。最後に，事例調査の記述方法について述べます。

　第Ⅲ部は，「データを活用する―分析から政策形成へ」についてです。第7章として「生活分析から政策形成へ」ということで，調査で得られた問題の量と質について考えます。特に生活の類型化と個別の生活歴分析の重要性について述べたいと思います。その上で，調査で把握された事実からどのような政策を形成できるのかみていきます。以上の手法を前提に，社会福祉協議会や民間団体が行う調査について触れます。

　第8章は，「生活に迫る調査を」ということで，自覚されていない，つまり潜在化している対象者の生活と意識の現実に迫ることの重要性に言及しています。

　全体として，読者は本書を通して調査に基づいた生活実態の把握の仕方，政策形成の手法を学ぶことになります。港区のひとり暮らし高齢者のデータという限られた地域調査を使ったものですが，読者のみなさんが抱える課題からそれぞれの地域で調査を実施し，それぞれの地域からの「政策形成」を期待しています。

河合　克義

目　次

はじめに

第 I 部　生活を把握するということ
調査の目的と設計

第1章

生活分析と地域調査

1　社会保障・社会福祉と生活問題

（1）貧困問題の捉え方

　社会保障・社会福祉というものの方向性を考える出発点は，国民が抱える具体的生活問題を把握することです。この領域に関わるすべての制度，政策，労働さらに社会的活動・運動の目的は，国民の具体的生活問題の解決にあります。生活実態が正しく把握されていなければ，それへの対応もまた誤ったものとなります。その際重要なのは，実態を正確に把握できる視点をもっているかどうかということです。国民の生活実態分析の視点によって，現実の見え方は大きく異なってくるのです。

　さて，調査は，生活実態を把握する重要な手段の1つです。調査を設計する際，前提作業として生活上の諸問題をどのように捉えるかの吟味が必要となります。その際に争点となってきたのが，貧困の位置づけです。

　わが国において1950年代後半から70年代初めまでの高度経済成長期には，貧困の存在はマイナーなものでした。豊かな社会が謳歌され，貧困は小規模の二次的な位置づけとされてきました。

　ガルブレイス（J. K. Galbraith）は，1958年に出版した『ゆたかな社会』（The affluent Society）という本で，豊かな社会のなかでの「貧困の地位」について言及しています。彼は，貧困は，もはや多数者の問題から少数者の問題に，一般的な問題から特殊な問題に変化したと主張しました。そして豊かな社会において，残存する貧困の形態として次の2つを挙げています。

　第1は，個人の何らかの性質に関係して生まれる「個人的貧困」（case poverty）です。ガルブレイスは次のようにいいます。「個人的貧困は，当該個人の何らかの性質にまさしく関係しているのが普通である。ほかのほとんどす

べての人が自分の環境を征服していることからみても環境は手に負えないものではないのに，その個人または家族に特有な性質のために，一般的な福祉にあずかれないのである。そのような特殊な性質とは，精神薄弱，不健康，産業生活の規律に適応できないこと，多産を抑えられぬこと，アルコール，非常に限られた少数者グループに関する差別，社会環境の欠陥とは無関係な教育上のハンディキャップ，あるいはまたこれらの欠陥のいくつかを同時にもっていることなどである。」

　第２は，「島の貧困」（insular poverty）です。「これは貧困の『島』として現れる。そういう島では，すべての人，あるいはほとんどすべての人が貧しい。この場合には，個人的な欠陥から説明しにくいことは明らかである。……何らかの理由で，その島の人々は，その環境に共通する何らかの事情の犠牲になっているのである。……現代の貧困の大半は島の性格を帯び，その島は田舎および都会の貧民窟である。」

　こうしてガルブレイスは，豊かな社会に現れている現代の貧困が少数者の問題に変わったとしつつ，貧困の特徴，位置づけを述べたのです［ガルブレイス，2006：373-379］。

　日本においても，1974年に中鉢正美は「新しい貧困」という概念を提起しています。中鉢は，ガルブレイスの考え方を基礎にしつつ，貧困とは「生活体系と政治・経済体系との効率性の格差が，所得分配の下層，あるいは生活変動に適応しきれない階層にひきおこす諸現象」［中鉢，1974：8］としました。中鉢は，貧困の原因として生活体系と政治・経済体系との不適応という要素を重視しています。

　また，中鉢は，「政治体系が経済体系との間に自己増殖の悪循環を構成することに対する制御の機能を分担するもの」として「生活体系の地域的組織」，すなわち「日常の生活が定着している地域を媒介とする住民の結合」も重視しています［中鉢，1974：9］。

　他方，こうした「豊かな社会」論をベースにした議論のなかで，一貫して貧困問題にこだわって調査研究をしてきた江口英一を中心とするグループの研究があります。江口は，貧困理解の基礎として「社会階層」概念で捉えた社会階級階層構成の全体的変化と，その変動に関連して形成されると考える「不安定・

低所得層」の構成と量の把握を行いました［江口・川上，2009：ix］。高度経済成長の最頂点である1971年の東京都中野区おいて，江口らが行った調査によって，生活保護基準以下の世帯が26.2％もあることが明らかにされたことは注目されます［江口・川上，1974：21］。

　また，江口は「『低所得階層』とは，『不安定』＝『無権利』の状態にある社会階層であり，その結果として，この層は，『低所得』状態にある」［江口，1972：18］と述べています。不安定な状態にある階層の無権利状態は，対象把握の際の大切な視点の1つです。

　さて，1970年代後半期に高齢者の在宅での生活保障問題を中心に，ニーズ論が登場してきます。この流れは，国民生活の諸問題をニーズという形で捉え，結果として貧困問題を軽視するものとなりました。当時のニーズ論に大きな影響を与えたものに，1979年の全国社会福祉協議会「在宅福祉サービスのあり方に関する研究委員会」の『在宅福祉サービスの戦略』（以下，『戦略』）があります。

　この『戦略』では，社会福祉ニーズを「貨幣的ニーズ」と「非貨幣的ニーズ」の2つに分け，1970年代以降の社会保障・社会福祉の諸制度が「拡充，発展」したことから，今後は「非貨幣的ニーズ」が中心になるとしました。さらに「貨幣的ニーズへの対応は，第一義的には経済保障を含むいろいろの社会的諸施策でおこなわれるべきであったのに，これらの諸施策が十分機能しなかった段階で，これら諸施策の機能を代替し，補完する形で，社会福祉政策が考えられていた時期は終わりをつげ，むしろこれからの社会福祉は，現金給付では対応できない非貨幣的ニーズを主要な政策課題としていくことになると思われる」［全社協，1979：28］としています。

　以上のように「非貨幣的ニーズ」に注目することによって，貧困問題は二次的な位置づけを与えられました。さらに，そもそも貧困問題は，本来は経済保障を含むいろいろの社会的諸施策が担うものであって，それらの諸施策が機能してこなかったので，社会福祉が代替・補完してきたが，いま，経済的な問題＝貧困問題への対応は十分なものとなってきたので，これからの社会福祉は「貨幣的ニーズ」ではなく「非貨幣的ニーズ」が中心となるとされたのです。

　この「非貨幣的ニーズ」に対応するものが，ホームヘルプサービスを中心とする在宅福祉サービスとされました。1980年から90年代半ばまでの在宅福祉

サービスが重視された政策展開のなかで，貧困と格差問題は軽視されることになったのです。

（2）格差の否定

　1980年代半ばから90年代初めまでの期間はバブル期といわれました。「平成景気」とも呼ばれ，これまでにない好景気となり，貧困と格差問題への認識はさらに変化します。例えば，社会保障制度審議会会長であった隅谷三喜男は，1987年に戦後の社会福祉を振り返って次のように述べました。

> 　「〔敗戦後−引用者注〕経済的混乱の下で，社会福祉への必要は大きかったが，それは貧しい公的扶助を中心に進められる他なかったのである。
> 　それは1960年前後にスタートした高度成長によって，大きな変更を受けることとなった。62年に社会保障制度審議会の行った『社会保障制度の推進に関する勧告』は，こう記している。『日本経済の未曾有の成長に際し，国民所得階層の格差が拡大したため，わが国の社会問題もあらたに多くの解決すべき問題を持つに至った。』
> 　この勧告の大きな特徴は，社会保障の対象である国民階層を，貧困階層，低所得階層，一般所得階層の三つに分け，貧困階層に対しては公的扶助である生活保護法が対応するのに対し，低所得階層（ここではしばしばボーダーライン階層と呼ばれている）に対しては，国及び地方公共団体が計画的に行う組織的な防貧政策が，福祉政策の中心と認められている。……
> 　それから25年経った今日，社会・経済状況は大きく変化した。変化は基本的に見て2つある。第一は急速な高齢化社会の進展である。……第二は国民所得の平均的上昇である。高度成長は70年代前半まで続いて，その後は安定成長期に入ったとはいえ，この間に国民所得の上昇が見られただけでなく，62年勧告が憂慮した階層間の格差はむしろ縮小し，ボーダーライン層問題が後退してしまった。今日から将来を見る時，三階層観は適切ではなくなり，高齢者問題を中心に心身障害者，児童の施設など，社会的サービスの需給関係が大きな問題になってくるであろう。」
> 　　　　　　　　　　　　　　　　　　　　　　　　［隅谷・京極編著，1987：11-12］

　ここにおいて，隅谷は，「国民所得の平均的上昇」のゆえに「三階層観」は適切ではなくなったとする見方，格差否定の見方を示しました。
　こうした考え方を当時の政策のレベルでみるとき，厚生省の「高齢化に対応した新しい民間活力の振興に関する研究会」が1986年6月に発表した『シルバー・サービスの振興に関する研究報告書』は，その好例といえるでしょう。同報告書では「かつて老人は，社会的・経済的弱者，マイノリティという考え

方が一般的であった。しかし，今や高齢者は社会的にも経済的にも主役の一翼を担いつつある」と述べています。

その根拠として掲げているのが，「活力ある高齢者の増加」とともに「高齢者の購買力の高まり」です。「各種統計によれば，高齢者一人当たりの所得や消費の月額は10万円前後にのぼっている。これに高齢者の貯蓄額が1130万6千円と平均を大きく上回っていることを考慮すれば，高齢者の（潜在的）購買力はむしろ若い世代を上回る力があるとみることができる」と。

こうして福祉サービス分野では「民間の算入を拒む理由はなく，むしろ有効性，効率性の観点からすれば，民間ベースの供給が可能な場合は公的供給を縮小しても良いと考えられる。換言するならば，大多数の分野では民間による供給を基本とし，公は民間の呼び水としてモデル事業的な場合のほか，地域的に民間によることが期待できないような場合等過渡的，経過的に供給を行うと考えることが適当である」[厚生省，1986：2，11] としているのです。

以上の見方は，国民生活を平均化し，その平均像をもって政策を進めようとするものであり，貧困と格差を否定するものです。こうした流れの背後には，当時いわれた「一億総中流」といった考えの影響があったことは明らかです。

（3）貧困・格差の量的把握

さて1990年代に入ると，バブルが崩壊し，状況は一変します。貧困と格差への関心が高まり今日に至っています。その背景として，1986年にスタートした労働者派遣法が1990年代後半から派遣対象を拡大し，非正規労働者が増えてきたことを忘れてはなりません。昨今，貧困あるいは格差に関するテーマの研究がなされ，そして出版物も多くなりました。[*]

＊　貧困あるいは格差に関する文献のすべてではないが，以下に主要なものを挙げておく。
橘木俊詔（1998）『日本の経済格差―所得と資産から考える』岩波書店
佐藤俊樹（2000）『不平等社会日本―さよなら総中流』中央公論新社
橋本健二（2001）『階級社会日本』青木書店
苅谷剛彦（2001）『階層化日本と教育危機―不平等再生産から意欲格差社会へ』有信堂高文社
青木紀編著（2003）『現代日本の「見えない」貧困―生活保護受給母子世帯の現実』明石書店
樋口美雄・財務省財務総合政策研究所編著（2003）『日本の所得格差と社会階層』日本評論

　　社
　　山田昌弘（2004）『希望格差社会―「負け組」の絶望感が日本を引き裂く』筑摩書房
　　三浦展（2005）『下流社会―新たな階層集団の出現』光文社
　　橘木俊詔（2006）『格差社会―何が問題なのか』岩波書店
　　橋本健二（2006）『階級社会―現代日本の格差を問う』講談社
　　岩田正美（2007）『現代の貧困―ワーキングプア／ホームレス／生活保護』筑摩書房
　　青木紀・杉村宏編著（2007）『現代の貧困と不平等―日本・アメリカの現実と反貧困戦略』
　　　明石書店
　　水島宏明（2007）『ネットカフェ難民と貧困ニッポン』日本テレビ放送網
　　湯浅誠（2008）『反貧困―「すべり台社会」からの脱出』岩波書店
　　阿部彩（2008）『こどもの貧困―日本の不公平を考える』岩波書店
　　岩田正美（2008）『社会的排除―参加の欠如・不確かな帰属』有斐閣
　　江口英一・川上昌子（2009）『日本における貧困世帯の量的把握』法律文化社
　　金澤誠一編著（2009）『「現代の貧困」とナショナル・ミニマム』高菅出版
　　河合克義（2009）『大都市のひとり暮らし高齢者と社会的孤立』法律文化社
　　唐鎌直義（2012）『脱貧困の社会保障』旬報社
　　大友芳恵（2013）『低所得高齢者の生活と尊厳軽視の実態―死にゆきかたを選べない人びと』
　　　法律文化社
　　藤田孝典（2015）『下流老人――一億総老後崩壊の衝撃』朝日新聞出版
　　河合克義（2015）『老人に冷たい国・日本―「貧困と社会的孤立」の現実』光文社
　　NHKスペシャル取材班（2015）『老後破産―長寿という悪夢』新潮社
　　NHKスペシャル取材班（2016）『老後親子破産』講談社
　　稲葉剛・青砥恭・唐鎌直義ほか（2016）『ここまで進んだ！　格差と貧困』新日本出版社

　今日の貧困と格差の議論をみると，問題への接近方法は多様ですが，ひとついえることは，貧困と格差の現実を数量データを使って示す流れが出てきたことです。これが，格差と貧困を認めない議論や政策を批判するひとつの力となったことは否定できないでしょう。

　橘木俊詔が所得分配の不平等度をジニ係数を用いて，日本の一億総中流意識が虚妄であることを示し，さらに佐藤俊樹は「社会階層と社会移動全国調査」（略称，SSM調査[**]）のデータを使って「たんなる感情論や感覚論ではなく，具体的な数字を示し」，「戦後日本の階層社会をめぐるさまざまな問題と課題について」［佐藤，2000：12］述べました。

　**　SSM（Social Stratification and Mobility）調査は，1955年以来，10年ごとにこれまで7回の調査がなされている。
　　　日本社会学会調査委員会編（1958）『日本社会の階層的構造』有斐閣
　　　安田三郎（1971）『社会移動の研究』東京大学出版会
　　　富永健一編（1979）『日本の階層構造』東京大学出版会
　　　直井優ほか編（1990）『現代日本の階層構造』（全4巻），東京大学出版会

盛山和夫ほか編（2000）『日本の階層システム』（全 6 巻），東京大学出版会
佐藤嘉倫ほか編（2011）『現代の階層社会』（全 3 巻），東京大学出版会

　また，OECDの相対的貧困率〔等価可処分所得〔世帯の可処分所得を世帯人員の平方根で割って調整した所得〕の中央値の半分に満たない世帯員の割合〕を使って日本の貧困の量とその位置を示すもの，また実質の生活保護基準（金澤誠一のいう「保護基準相当額」［金澤編著，2009：251]）をベースに，それ以下の人の量を測定するものなど，多くの測定方法を用いて議論がなされています。

　他方，山田昌弘が『希望格差社会』の中で，「収入格差」が量的なものだけではなく，「質的格差（多少の努力では乗り越え不可能な差)」［山田，2007：60]を問題にしているように，貧困と格差論は質的な分析も厚みをみせてきました。水島宏明の「ネットカフェ難民」あるいはNHKの「老後破産の現実」も事例から貧困と格差の現実を描き出しています。

　1990年代初頭以降，貧困と格差が多くの人々の関心を引いているなかで，一億総中流という主張は影を潜めています。貧困と格差の問題は，いま，子どもから高齢者までの課題となっています。阿部彩が『こどもの貧困』で，OECDの相対的貧困率を使って子どもの貧困率を「国民生活基礎調査」で推計していますが，1989年において12.9％となっています。また，この貧困率を国際比較してみると，アメリカが最も高く，ついでイタリア，イギリス，カナダそして日本となっており，日本は高い位置にあります［阿部，2008：52-54]。

　高齢者の課題で述べるならば，その政策上の課題となっているのは，団塊の世代が高齢期に入ることで財政的負担が増し，各制度の持続可能性の維持という名目で国民負担を増加させようとしていることです。高齢者がその負担に耐えられるのか，高齢者をめぐる政策のあり方が問われています。すでに述べたように，その際に大切なのは，生活の実態把握です。気をつけたいことは，その実態の見え方も，今日の政策の方向性，制度の捉え方によって違ってくるということです。生活の把握の仕方，それは対象をめぐる議論ともつながっているのです。その点を次にみていきましょう。

2　制度の枠を超えた対象把握

（1）社会問題と社会福祉の対象

　調査による生活の分析作業は，社会保障・社会福祉の対象を把握する一環です。社会保障・社会福祉の対象をどのように把握するかをめぐって，大切な視点は，制度対象外の問題をどのように位置づけるか，あるいは制度の枠を超えた対象把握が視点にあるかということです。

　社会福祉について，この論点を明確化したのは真田是です。1975年の『新版　社会福祉論』（一番ヶ瀬康子・真田是編，有斐閣）で「社会福祉の対象」について，おおむね次のように述べています。

　　　　社会福祉の対象は社会問題である。しかし，すべての社会問題が社会福祉の対象となるのではない。社会福祉の対象は，いわば社会問題のなかから拾い上げられてつくられる。この"拾い上げ"の規則をつくり，したがってまた，社会問題のなかから社会福祉の対象をつくりだすものは，社会福祉政策である。そして，このことは2つの異なった意味が含まれている。

　　　　1つの意味は，社会福祉が社会問題対策としてあるが，それは唯一の社会問題対策なのではなく，社会問題対策の1つだということ，つまり，社会福祉の，政策体系としての固有性が社会問題を選別し，この固有性にマッチする社会問題だけを"拾い上げ"て社会福祉の対象にする。

　　　　もう1つの意味は，社会福祉政策が，常に階級的なものであることからの"拾い上げ"である。福祉政策は，具体的には，政策主体によって打ち出され執行されるが，その政策主体は，社会問題の受難者たちとは無縁で，むしろそれと利害の対立するものを代表しており，社会問題対策，したがって社会福祉も必要最小限にとどめようとする。そのために，現実の社会問題よりもはるかに少ないものに社会福祉の対象を限ろうとし，こうして社会問題の多くを放置してそのなかの一部を"拾い上げ"ることになる。ただし，この"拾い上げ"は，政策主体の利害と一存で一方的に決まるものではない。社会問題の受難者である勤労者の要求と運動も，社会問題をできるだけ多くの社会福祉の対象にさせていく方向で働く力としてある。現実の社会福祉の対象は，したがって，政策主体と社会問題の受難者たちとの間の力関係，階級闘争の動向によって決まり，こうして社会問題のなかからの"拾い上げ"が行われる。　　　　　　　　　[一番ヶ瀬・真田編，1975：33-34；真田，2012：63-64]

　これが，真田がいう〈対象の「対象化」〉であり，社会福祉の対象は「現実

の社会問題より少ない限定されたもの」だと述べたのです。

　もう1点，対象論について真田が述べていることがあります。社会福祉の対象の「二重の対象」ということです。1つは政策的な対応，もう1つは福祉実践の対応です。前者は「一般的・共通的な構造が中心的に取りあげられ」るが，後者は「個別性＝ケースをその総体性・全面性においてとらえる」という対象化が行われる。さらに，「福祉実践の対象は，政策的な対象の範囲より広げられるのが普通である」[一番ケ瀬・真田編，1975：37-38；真田，2012：66-67]。つまり，福祉実践場面でみえてくる問題は，政策が切り取る枠，あるいは制度の枠を超えた課題であるということです。この点は，対象把握の際の重要な視点といえます。

（2）高齢者福祉分野にみる本来の対象と制度対象

　高齢者福祉という場合，狭義の意味では高齢者領域の社会福祉ということになりますが，高齢者の生活を保障するということでは広義の社会保障の諸制度が関係してきます。

　本来，広義の社会保障は，社会保険，社会手当，公的扶助そして社会福祉サービスといった構成要素をもっています。ところが，2000年に介護保険制度が導入されて以降，社会保険制度の領域が大きくなり，社会福祉サービスが縮小・廃止されてきました。今日の高齢者政策は介護保険制度を中心に展開されていますが，これはかなり日本的な特徴といえます。この点について説明するには，介護保険制度の成立過程とその後の展開をみなければなりません。

　介護保険制度の基本的考え方は，1994年12月の厚生省「高齢者介護・自立支援システム研究会」の『新たな高齢者介護システムの構築を目指して』において具体化されました。この研究会報告書では，それまでの老人福祉制度の問題点を次のように整理しています。

　　　今日に至るまで，高齢者介護に関する公的制度として中心的な役割を担ってきたのは，「措置制度」を基本とする老人福祉制度である。……しかし，今日では高齢者を「措置する」，「措置される」といった言葉そのものに対して違和感が感じられるように，高齢者をめぐる状況が大きく変化する中で，措置制度をめぐり種々の問題点が生じている。

　　　利用者にとっては，自らの意思によってサービスを選択できないほか，所得審査
　や家族関係などの調査を伴うといった問題がある。被保険者がサービスを積極的に
　受ける権利を持つ社会保険に比べると，国民のサービス受給に関する権利性につい
　て大きな違和感がある。　　［厚生省高齢者介護対策本部事務局監修，1995：13-14］

　以上の主張は，言い換えると以下のようになります。社会福祉である措置制
度では，サービスを国民の側が選択できず，行政側が一方的に決定してきた，
また社会福祉よりも社会保険の方が権利性が明確で制度としても優れている，
それゆえ，これからの介護問題への対応は社会保険制度に切り替えた方がよ
い，と主張するのです。

　この考え方をもとに，介護保険法は1997年12月に国会で成立し，2000年4月
から制度がスタートしました。注目したいのは，介護保険サービスが実際に高
齢者のどのくらいをカバーしているかということです。

　厚生労働省の「介護保険事業状況報告」によれば，2016年3月末現在，65歳
以上の高齢者は3282万人です。そのうち，要介護（要支援）と認定を受けた高
齢者は607万人であり，高齢者に占める認定者の割合は18.5％となります。要
介護の認定を受けた高齢者が全員，サービスを利用するわけではありません。
その利用率は地域によって異なります。筆者（河合）は全国平均をおおむね8
割とみています。サービス利用率を8割として計算すると，介護保険サービス
を利用している65歳以上の高齢者は14.8％となります。つまり，介護保険制度
は1割半程度の高齢者の，それも介護問題をみているに過ぎないのです。この
1割半の高齢者に起こる問題が，高齢者問題のすべてではありません。残りの
8割半の高齢者に起こっている生活問題に目を向ける必要があるのではないで
しょうか。実際に，貧困と孤立問題はこの8割半の高齢者のなかで発生してい
るのです。

　いま，全国で孤立死が社会問題のひとつとして注目されています。孤立死は
ひとり暮らし高齢者を中心に発生しています。確かに，高齢者世帯の構造変化
をみると，1980年代以降，大きく変わってきました。かつて日本は三世代世帯
が半数以上を占めていました。しかし，いまや三世代世帯は大幅に減少し，高
齢者夫婦のみ世帯とひとり暮らし高齢者世帯が急速に増えてきているのです。
とりわけ高齢者のいる世帯全体のなかで，高齢者夫婦のみ世帯は1980年には

16％でしたが，2012年には30％に増え，さらにひとり暮らし高齢者は1980年には11％でしたが，2012年には23％となっています（『平成26年版高齢社会白書』）。

　このように，高齢者のいる世帯のなかで高齢者夫婦のみ世帯とともに，ひとり暮らし高齢者の急増が著しいのです。ここ20年間，社会問題となっている孤立死は，このひとり暮らし高齢者を中心に発生しているのです。

　東京都監察医務院のデータによれば，23区内の65歳以上で1人で亡くなった人が2002年に1364人であったのが，12年で2733人，14年には2885人，そして15年には3116人と急増しています。東京都23区に限定した数字ですが，この増加傾向は大きな課題といえましょう。

　福井県は，ひとり暮らし高齢者が47都道府県中最も少ないグループにあり，県民の満足度も高く，安定県といわれています。その福井県においても，孤立死が多くなってきており，「特殊清掃会社」への仕事の依頼が増えていることが問題視され始めています（福井新聞2015年11月18日付）。

　いま，全国各地で，1人で亡くなって数日から数カ月にわたり誰にも気づかれないという事件が起こっています。NHKが2010年1月に放映した「無縁社会」の番組では，「無縁死」（行旅死亡人のうち，引き取り手がいなく自治体が葬祭執行した人の数のみ）が全国に3万2000人（NHKの独自調査）いると発表されました。全国の孤立死の総数は万単位の無視できない数となっています。

　こうした孤立死の現実をみるとき，昨今の介護保険制度中心の政策展開でカバーされない地域の問題を正しく把握することが求められているといえます。地域で高齢者の生活問題を把握する際には，高齢者全体の実態把握の視点が大切です。つまり，調査を設計する場合の重要な問題意識です。

3　本書で使用するデータ：港区におけるひとり暮らし高齢者調査

　本書は地域調査のアンケート設計から，調査の実施，集計，分析，政策形成の手法を述べるものです。地域調査としてはいろいろな対象がありますが，ここではひとり暮らし高齢者を対象として述べます。筆者の長谷川と河合は，東京都港区の政策創造研究所の調査の設計，分析，政策形成に関わってきました。そこで，この港区のひとり暮らし高齢者調査のデータを使って，生活分析

から政策形成の方法を具体的に説明していきます。

　さて，東京の港区におけるひとり暮らし高齢者を調査の対象としても，前提としてひとり暮らし高齢者の全国的な傾向をみておく必要があります。つまり，港区のひとり暮らし高齢者が全国，東京都においてどのような特徴をもっているのかということです。

　筆者は，まずひとり暮らし高齢者が多く住む地域がどこにあるのかの分析をしようと考えました。指標として「ひとり暮らし高齢者の出現率」を設定したのです。この「ひとり暮らし高齢者の出現率」は「65歳以上の高齢者のいる世帯中のひとり暮らし高齢者世帯の割合」です。一般的には，ひとり暮らし高齢者の出現率の算出方法として「65歳以上人口の中のひとり暮らし高齢者の割合」が用いられますが，この方法では，同一世帯に暮らす複数の高齢者，例えば高齢者夫婦のみ世帯も個々人に分離されて集計されることになり，数値を現実より押し下げることになります。そこで，世帯を基軸にみることにしたのです。つまり，母数に「65歳以上人口」ではなく「65歳以上の高齢者のいる世帯」を据えて，ひとり暮らし高齢者の割合を算出しました。

　「65歳以上の高齢者のいる世帯」を母数とすることの妥当性も議論のあるところですが，ここでは世帯単位に捉えたいということで，この計算方法をとったのです。

　データとしては，国勢調査を使いました。筆者は，1995年から5年おきに実施されている国勢調査のデータを再集計して分析しています。

　まず，都道府県別にひとり暮らし高齢者の出現率を算出しました。1995年から2005年までの分析は，筆者の著書『大都市のひとり暮らし高齢者と社会的孤立』において行っていますのでそれを引用します。

　　表1-1は国勢調査の1995年，2000年，2005年それぞれの時点で都道府県別にひとり暮らし高齢者の出現率を，〈出現率20％以上〉の上位のみを示したものである。このように限定した理由は，上位地域の傾向を簡潔にみることができると考えたからである。

　　各年次で20％以上の都道府県数は，1995年に15であったものが，2000年に17，2005年には21と増加している。全国平均のひとり暮らし高齢者の出現率をみると，それぞれの時点で17.2％，20.2％，22.5％となっており，こうした増加傾向が都道府県単位でのひとり暮らし高齢者の出現率をも引き上げてきていると言えよう。

表 1 - 1　1995年，2000年，2005年における都道府県別ひとり暮らし高齢者出現率

(出現率20％以上，単位：％)

	1995年			2000年			2005年		
	都道府県	65歳以上人口割合	出現率	都道府県	65歳以上人口割合	出現率	都道府県	65歳以上人口割合	出現率
全国		14.5	17.2		17.3	20.2		20.1	22.5
1	鹿児島県	19.7	31.1	鹿児島県	22.6	32.6	鹿児島県	24.8	33.7
2	高知県	20.6	25.3	東京都	18.3	28.4	東京都	18.3	30.9
3	大阪府	11.9	23.9	大阪府	18.5	27.7	高知県	25.9	30.0
4	東京都	13.0	23.8	高知県	23.6	27.1	大阪府	18.5	29.8
5	宮崎県	17.4	22.5	北海道	21.4	24.7	宮崎県	23.5	26.7
6	山口県	19.0	21.6	兵庫県	19.8	24.5	山口県	25.0	26.7
7	愛媛県	18.5	21.4	京都府	20.0	24.2	北海道	21.4	26.7
8	長崎県	17.7	21.4	和歌山県	24.1	24.1	愛媛県	24.0	26.3
9	北海道	14.8	21.0	宮崎県	20.7	23.9	福岡県	19.8	26.0
10	和歌山県	18.1	20.8	山口県	22.2	23.8	兵庫県	19.8	25.6
11	広島県	15.8	20.7	福岡県	17.4	23.5	広島県	20.9	25.6
12	福岡県	14.8	20.6	愛媛県	21.4	23.5	京都府	20.0	25.6
13	沖縄県	11.7	20.6	広島県	18.5	23.2	和歌山県	24.1	25.4
14	京都府	14.7	20.6	長崎県	20.8	23.1	長崎県	23.6	24.9
15	大分県	18.6	20.0	大分県	21.8	22.6	大分県	24.2	24.7
16				神奈川県	16.8	22.3	沖縄県	16.1	23.8
17				沖縄県	13.8	20.4	神奈川県	16.8	22.4
18							徳島県	24.4	22.2
19							岡山県	22.4	22.0
20							熊本県	23.7	21.7
21							香川県	23.3	21.7

注：出現率＝（単身高齢者数÷高齢者のいる世帯数）×100
資料：1995年，2000年，2005年国勢調査にもとづき筆者が作成

　　次に，〈出現率20％以上〉に含まれる都道府県を分析しよう。この３つの時点で
すべてで１位となっているのは鹿児島県で，2005年の出現率は33.7％である。次に
東京都と大阪府が続く。東京都は４位，２位，２位，大阪府は３位，３位，４位と
推移している。2005年の出現率は，東京都が30.9％，大阪府が29.8％である。
　　高知県は２位，４位，３位と推移し，宮崎県は1995年に５位，2000年に９位と
なったが，2005年にはまた５位になっている。2005年の出現率は高知県が30.0％，
宮崎県が26.7％である。2005年時点でみると，上記の都府県に続いて山口県，北海
道，愛媛県，福岡県，兵庫県が続いている。　　　　　　　　　[河合，2009：2 - 3]

　この都道府県別ひとり暮らし高齢者出現率は，2010年の国勢調査においては
どうなったでしょうか。**表1-2**をご覧ください。石川県と群馬県が20.4％と
なっており，ここまでで出現率20％以上の都道府県の数が31に増えています。
全国的にひとり暮らし高齢者の出現率が増加していることは明白です。上位の
5つについて都道府県名と出現率をみると，鹿児島県34.8％，東京都33.9％，
大阪府32.2％，高知県31.4％，北海道29.6％となっています。

　反対に，ひとり暮らし高齢者の出現率が低い県は，山形県14.5％，新潟県
16.3％，福井県16.6％，富山県17.2％，茨城県17.3％です。

　さて，東京都は全都道府県中第2位に位置しています。では，港区はどうい
う位置にあるのでしょうか。国勢調査のデータに基づき，全地方自治体別にひ
とり暮らし高齢者の出現率を算出し，出現率の高い方から並べ直してみると，
港区は1995年で123位，2000年で37位，05年で13位（都内で島嶼部を除いて第1
位），10年で38位という位置になります。2010年の東京都下の自治体別ひとり
暮らし高齢者の出現率は，**表1-3**のとおりです。23区内で順位をみると，
2005年時点では港区は第1位でしたが，10年になると，新宿区，杉並区，渋谷
区，豊島区，中野区が港区より上位に位置しています。

　港区の位置が少し下位になったのは，この間の港区の人口増と関係がありま
す。港区の人口は，2016年1月1日現在の住民基本台帳によると24万3977
人，世帯数12万5903世帯となっています。人口数は，1984年から長期的な減少
傾向にありました。1995年4月には15万人を割り込みましたが，大型集合住宅
の建設による人口増加に伴い，2009年5月には20万人を突破しました。港区の
産業をみると，事業所数，従業者数とも特別区の中で最も多いのです。従業者
数については特別区全体の数の13.0％を占めています。港区は都区財政調整制
度による財政調整交付金の不交付団体であり，財政的に豊かな区といえます。

　また，港区の高齢者人口割合は2016年で17.4％となっています。特別区の平
均は2割程度であり，特別区のなかでも年齢は若い地域です。港区は勤労者が
多く，若い人々が多く流入してきていますが，同時に高齢者のいる世帯も増え
ており，それがひとり暮らし高齢者の出現率を若干押し下げたのです。しか
し，ひとり暮らし高齢者の出現率は，2010年の国勢調査時点で40.2％であり，
数値は高くなっています。

表1-2　都道府県別ひとり暮らし高齢者の出現率（2010年）

順位	地域	総人口 （人）	65歳以上人口 （人）	65歳以上 人口割合 ※「年齢不詳」 を除く（％）	高齢者のいる 世帯総数 （世帯）	単身高齢者 世帯総数 （人／世帯）	出現率 （％）
	全国	128,057,352	29,245,685	22.8	19,337,687	4,790,768	24.8
	全国市部	116,156,631	26,062,388	22.4	17,284,958	4,372,550	25.3
	全国郡部	11,900,721	3,183,297	26.7	2,052,729	418,218	20.4
1	鹿児島県	1,706,242	449,692	26.4	294,434	102,443	34.8
2	東京都	13,159,388	2,642,231	20.1	1,837,074	622,326	33.9
3	大阪府	8,865,245	1,962,748	22.1	1,345,444	432,816	32.2
4	高知県	764,456	218,148	28.5	142,421	44,773	31.4
5	北海道	5,506,419	1,358,068	24.7	884,711	261,553	29.6
6	山口県	1,451,338	404,694	27.9	263,709	75,403	28.6
7	宮崎県	1,135,233	291,301	25.7	188,268	53,460	28.4
8	福岡県	5,071,968	1,123,376	22.1	742,228	210,453	28.4
9	愛媛県	1,431,493	378,591	26.4	247,095	69,375	28.1
10	兵庫県	5,588,133	1,281,486	22.9	861,034	239,227	27.8
11	和歌山県	1,002,198	270,846	27.0	181,097	50,309	27.8
12	京都府	2,636,092	605,709	23.0	405,096	110,366	27.2
13	広島県	2,860,750	676,660	23.7	443,073	119,757	27.0
14	長崎県	1,426,779	369,290	25.9	238,703	63,245	26.5
15	大分県	1,196,529	316,750	26.5	203,793	53,384	26.2
16	神奈川県	9,048,331	1,819,503	20.1	1,209,217	308,463	25.5
17	沖縄県	1,392,818	240,507	17.3	158,798	40,390	25.4
18	徳島県	785,491	209,926	26.7	133,641	32,365	24.2
19	香川県	995,842	253,245	25.4	162,455	38,301	23.6
20	熊本県	1,817,426	463,266	25.5	295,609	69,111	23.4
21	岡山県	1,945,276	484,718	24.9	310,469	71,762	23.1
22	愛知県	7,410,719	1,492,085	20.1	991,869	217,326	21.9
23	千葉県	6,216,289	1,320,120	21.2	875,648	191,292	21.8
24	青森県	1,373,339	352,768	25.7	233,997	50,537	21.6
25	三重県	1,854,724	447,103	24.1	291,235	62,804	21.6
26	奈良県	1,400,728	333,746	23.8	218,526	46,901	21.5
27	山梨県	863,075	211,581	24.5	139,553	29,318	21.0
28	埼玉県	7,194,556	1,464,860	20.4	973,264	204,212	21.0
29	島根県	717,397	207,398	28.9	131,636	27,279	20.7
30	群馬県	2,008,068	470,520	23.4	306,398	62,612	20.4
31	石川県	1,169,788	275,337	23.5	177,181	36,198	20.4
32	鳥取県	588,667	153,614	26.1	99,025	19,535	19.7
33	佐賀県	849,788	208,096	24.5	133,702	25,971	19.4
34	秋田県	1,085,997	320,450	29.5	206,632	39,463	19.1
35	岩手県	1,330,147	360,498	27.1	232,443	43,479	18.7
36	長野県	2,152,449	569,301	26.4	367,070	68,614	18.7
37	宮城県	2,348,165	520,794	22.2	341,031	63,203	18.5
38	静岡県	3,765,007	891,807	23.7	583,403	106,279	18.2
39	福島県	2,029,064	504,451	24.9	327,803	59,534	18.2
40	栃木県	2,007,683	438,196	21.8	291,165	52,870	18.2
41	滋賀県	1,410,777	288,788	20.5	190,131	33,890	17.8
42	岐阜県	2,080,773	499,399	24.0	326,558	57,299	17.5
43	茨城県	2,969,770	665,065	22.4	435,917	75,363	17.3
44	富山県	1,093,247	285,102	26.1	182,851	31,441	17.2
45	福井県	806,314	200,942	24.9	128,521	21,356	16.6
46	新潟県	2,374,450	621,187	26.2	398,544	65,027	16.3
47	山形県	1,168,924	321,722	27.5	205,215	29,683	14.5

注：出現率＝（単身高齢者数÷高齢者のいる世帯数）×100
出所：2010年国勢調査より筆者が作成

表1-3　2010年における東京都ひとり暮らし高齢者出現率

		人口	65歳以上 人口割合（％）	単身高齢者数	高齢者のいる 世帯数	出現率 （％）
	東京都	13,159,388	20.1	622,326	1,837,074	33.9
	特別区	8,945,695	19.8	459,968	1,261,281	36.5
1	青ヶ島村	201	10.4	12	20	60.0
2	御蔵島村	348	13.8	22	40	55.0
3	小笠原村	2,785	9.2	97	197	49.2
4	三宅村	2,676	35.1	318	671	47.4
5	新宿区	326,309	18.7	20,489	45,281	45.2
6	杉並区	549,569	19.9	35,346	79,195	44.6
7	渋谷区	204,492	18.9	12,704	28,594	44.4
8	豊島区	284,678	19.0	17,504	40,181	43.6
9	大島町	8,461	31.7	799	1,884	42.4
10	利島村	341	20.2	20	49	40.8
11	中野区	314,750	19.6	18,163	44,664	40.7
12	港区	205,131	17.0	10,116	25,161	40.2
13	台東区	175,928	23.1	11,143	28,235	39.5
14	文京区	206,626	18.5	10,939	27,719	39.5
15	八丈町	8,231	32.1	727	1,850	39.3
16	北区	335,544	23.7	22,524	57,693	39.0
17	中央区	122,762	15.9	5,501	14,216	38.7
18	品川区	365,302	19.1	19,390	50,924	38.1
19	千代田区	47,115	19.2	2,468	6,508	37.9
20	板橋区	535,824	20.9	29,665	78,674	37.7
21	武蔵野市	138,734	19.5	6,895	18,825	36.6
22	世田谷区	877,138	18.2	40,210	112,221	35.8
23	目黒区	268,330	19.2	12,777	36,443	35.1
24	荒川区	203,296	21.5	10,870	31,200	34.8
25	大田区	693,373	20.2	34,690	100,043	34.7
26	足立区	683,426	22.1	36,175	106,117	34.1
27	墨田区	247,606	21.3	12,590	37,565	33.5
28	狛江市	78,751	21.6	3,941	11,764	33.5
29	国立市	75,510	19.0	3,287	9,912	33.2
30	小金井市	118,852	18.5	4,937	15,004	32.9
31	三鷹市	186,083	18.7	7,591	23,235	32.7
32	江東区	460,819	19.1	20,581	63,243	32.5
33	調布市	223,593	18.8	9,355	29,019	32.2
34	福生市	59,796	20.4	2,680	8,344	32.1
35	練馬区	716,124	19.2	29,693	94,201	31.5
36	葛飾区	442,586	22.0	21,222	67,754	31.3
37	清瀬市	74,104	24.8	3,520	11,676	30.1
38	江戸川区	678,967	17.9	25,208	85,449	29.5
39	立川市	179,668	21.2	7,545	25,711	29.3
40	国分寺市	120,650	18.8	4,491	15,387	29.2
41	東久留米市	116,546	23.4	5,400	18,535	29.1
42	府中市	255,506	18.1	9,053	31,098	29.1
43	小平市	187,035	20.0	7,259	24,982	29.1
44	新島村	2,883	34.5	191	662	28.9
45	西東京市	196,511	20.3	7,673	26,776	28.7
46	東村山市	153,557	22.4	6,233	22,089	28.2
47	昭島市	112,297	20.7	4,375	15,505	28.2
48	日野市	180,052	20.7	6,767	24,850	27.2
49	町田市	426,987	21.5	16,104	60,722	26.5
50	多摩市	147,648	20.9	5,352	20,421	26.2
51	八王子市	580,053	20.6	20,123	77,983	25.8
52	稲城市	84,835	17.3	2,429	9,478	25.6
53	東大和市	83,068	21.7	3,123	12,188	25.6
54	奥多摩町	6,045	41.3	353	1,393	25.3
55	羽村市	57,032	19.5	1,742	7,261	24.0
56	武蔵村山市	70,053	20.8	2,273	9,777	23.2
57	檜原村	2,558	43.4	142	621	22.9
58	神津島村	1,889	27.4	75	342	21.9
59	青梅市	139,339	23.1	3,996	18,685	21.4
60	瑞穂町	33,497	21.1	873	4,473	19.5
61	あきる野市	80,868	23.7	2,216	11,868	18.7
62	日の出町	16,650	29.3	369	2,496	14.8

注：出現率＝（単身高齢者数÷高齢者のいる世帯数）×100
出所：2010年国勢調査に基づき筆者が作成

　全体として港区は活気のある区ですが，他方，高齢者の生活状況と孤立の点では，いろいろな課題を抱える地域でもあるのです。

　筆者が中心的に関わった港区のひとり暮らし高齢者を対象にした調査は，過去3回あります。1回目は1995年調査（調査主体は港区社会福祉協議会）で，悉皆調査（有効回収数1963ケース，有効回収率72.6％）でした。2回目は2004〜05年調査（調査主体は港区社会福祉協議会）で，40％の抽出調査（有効回収数964ケース，有効回収率57.9％）であり，二次調査として訪問面接調査を実施しました。3回目が2011年調査（調査主体は港区政策創造研究所で，当時，筆者が所長）の悉皆調査（有効回収数3947ケース，有効回収率69.8％）で，このときも二次調査として訪問面接調査を実施しています。

　本書では，最新の2011年の調査データを使って生活分析から政策形成の方法を述べますが，この3時点の調査データの比較も，特定の分析手法のなかで使います。

【引用参考文献】

阿部彩（2008）『子どもの貧困－日本の不公平を考える』岩波新書，岩波書店

一番ヶ瀬康子・真田是編（1975）『新版　社会福祉論』有斐閣（『真田是著/総合社会福祉研究所編（2012）『真田是著作集　第3巻 社会福祉論』有限会社福祉のひろば）

江口英一（1972）「今日の低所得層と世帯更生資金制度の方向」『季刊社会保障研究』8巻2号，国立社会保障・人口問題研究所

江口英一・川上昌子（1974）「大都市における低所得・不安定階層の量と形態および今後について」『季刊社会保障研究』9巻4号，国立社会保障・人口問題研究所

江口英一・川上昌子（2009）『日本における貧困世帯の量的把握』法律文化社

ガルブレイス，ジョン・ケネス（鈴木哲太郎訳）（2006）『ゆたかな社会　決定版』岩波現代文庫

金澤誠一編著（2009）『「現代の貧困」とナショナル・ミニマム』高菅出版

河合克義（2009）『大都市のひとり暮らし高齢者と社会的孤立』法律文化社

厚生省（1986）「高齢化に対応した新しい民間活力の振興に関する研究会」『シルバー産業の振興に関する研究報告書』

厚生省高齢者介護対策本部事務局監修（1995）『新たな高齢者介護システムの構築を目指して－高齢者介護・自立支援システム研究会報告書』ぎょうせい

隅谷三喜男・京極高宣編著（1987）『民間活力とシルバーサービス』中央法規出版

全国社会福祉協議会編（1979）『在宅福祉サービスの戦略』全国社会福祉協議会

佐藤俊樹（2000）『不平等社会日本－さよなら総中流』中公新書

中鉢正美（1974）「現代における貧困の意味」『季刊社会保障研究』9巻4号，国立社会保障・人口問題研究所

内閣府『平成26年版 高齢社会白書（全体版）』

山田昌弘（2007）『希望格差社会―「負け組」の絶望感が日本を引き裂く』筑摩書房

第 2 章

地域調査の設計

1　調査の内容と対象

（1）問題の所在の明確化

　調査を始めるきっかけ，理由は様々です。調査主体，調査目的によって調査内容も対象も異なります。例えば，研究者や学生が研究のために，また行政職員が行政計画の基礎データを得るために，あるいは社会福祉協議会，NPO団体やボランティア団体，さらに社会保障・社会福祉関係団体が活動・事業のためのデータ収集のために，調査が企画されます。調査を企画する場合に最も大切なことは調査の目的です。何のため，何を明らかにするための調査であるかを明確にすることが重要です。このあたり前のことが，実際には意外に軽視されているのです。

　まずは調査テーマに関する課題，問題の整理が必要です。漠然と調査項目を設定して調査を実施した結果からは，得られるものは多くはありません。

　ひとり暮らし高齢者をめぐっての問題の所在は何か。このテーマに関しての議論がどのようになされているかを知ることが大切です。学術論文，雑誌論文，雑誌記事，関係する先行調査等について，今日ではネット検索である程度の収集はできるようになりました。しかし，ネット検索結果を過信しないことも重要です。検索結果がすべてではないということです。特に古い資料，あるいは一次資料などはネット検索でカバーされているのは一部です。文献，資料にあたることが求められるのです。またネット検索の場合，その文章の出所，さらに誰がどのように言っているのかを知ることも欠かせません。執筆主体がわからない文章，出所がわからない資料をそのまま鵜呑みにすることは避けなければなりません。

　さて，ひとり暮らし高齢者をめぐっての問題の所在ということを，筆者の問

題関心からいうならば，第 1 章で述べたことが前提となります。筆者の立場としては，貧困と格差を基礎においた課題の整理を基本とし，そのうえで，制度の枠を超えた対象把握の視点が大切なことを述べてきました。特に高齢者問題の場合，介護保険制度が切り取る範囲とそれ以外の範囲，つまり介護保険制度対象外の高齢者の生活上で起こっている問題，そこでの貧困と孤立の問題を含めて課題設定をすること，このことが重要な論点だと考えています。

● 対象把握の視点①：貧困

　2016年 3 月，生活保護受給世帯のうち，高齢者世帯の割合が50.8％となり，半数を超えました。高齢者世帯が 5 割を超えたのは，1950年の現行生活保護制度ができて以来，初めてのことです。朝日新聞は2016年 6 月 1 日付の夕刊で，厚生労働省の 3 月時点の速報値を紹介し，同月，生活保護受給者は162万6916世帯で，このうち高齢者世帯は82万6656世帯となったことを報道しました（図 2 - 1 参照）。高齢者世帯は65歳以上の者だけか，さらに子どもが加わった世帯をさします。高齢者世帯の 9 割はひとり暮らしです。

　さらに朝日新聞は，こうした高齢者の生活保護受給世帯の増加の原因について，高齢者の貧困化が加速化していることを指摘しています。その背景として，生活できない低い年金額（2014年の厚生労働省調査によれば，高齢生活保護世

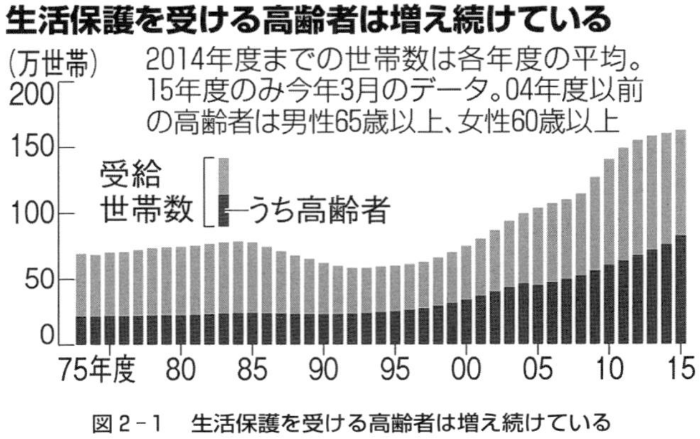

図 2 - 1　生活保護を受ける高齢者は増え続けている

出所：朝日新聞2016年 6 月 1 日夕刊

帯の平均受給額は約4万6600円）と介護保険料などの社会保険料引き上げによる公的年金額の減少を挙げています。

　確かに高齢者の貧困が深刻化していますが，問題把握の視点として，生活保護を受給している人のみではなく，貧困状態にありながら生活保護を受給していない人々をも含めることの重要性も指摘されてきたことです。

　唐鎌直義は，厚生労働省の「国民生活基礎調査」のデータを再集計して，高齢者世帯の貧困率と貧困世帯数，貧困高齢者数を2009年と2013年で比較しています。高齢者世帯の貧困率はこの4年間に35.20％から34.36％に微減していますが，貧困高齢者世帯数は338万7000世帯から399万世帯へ，60万3000世帯も増加していることから，唐鎌は「貧困高齢者世帯の増大に歯止めがかからない状態と言ってよい」［唐鎌，2016：63-64］と述べています。

　さらに唐鎌は，高齢者世帯の所得階層分布を2009年と2013年の2つの時点で比較し，特に年収150万円未満の貧困階層に関して世帯類型別に分析しています。それによれば，「女単独世帯は52.4％から50.2％，夫婦世帯は9.3％から7.0％に，その他の世帯は11.4％から8.3％に，それぞれ減少している。そうしたなかで，男単独世帯は唯一，貧困階層に属する世帯が31.0％から34.3％に増加している。貧困階層に属する高齢者世帯の比率が全体として減少傾向を示す中で，男単独世帯だけがひとり貧困化の様相を強めていることが判る」［唐鎌，2016：63］と分析しています。ただし，女の単独世帯の世帯数の圧倒的多さらすれば，女の単独世帯の貧困は2013年には219万9000世帯に達しており，依然として深刻なままだと，唐鎌は付け加えています。

　最後に，生活保護の捕捉率について，唐鎌が述べていることに注目したいと思います。

> 「2013年の被保護世帯の内，高齢者世帯に分類されている被保護世帯数は71万9625世帯に過ぎない。貧困な高齢者世帯の数は399万世帯であるから，生活保護制度による貧困高齢者世帯の救済の程度（捕捉率）は18％ということになる。貧困な高齢者世帯の82％が漏給という現実が今も広がったままである。」　　　［唐鎌，2016：64］

　このように，生活保護制度をめぐっても，制度を利用していない約8割の貧困高齢者の実態をみることが求められているのです。

● 対象把握の視点②：孤立

　さて，もう１つの論点は孤立の問題です。第１章で触れたように，高齢者を中心に１人で亡くなって何日も発見されない事件が続いています。"Kodokushi" という用語が，ドイツや韓国等海外でそのまま使われ始めています。日本の孤立問題の深刻化さが国際的にも注目されてきているのです。

　孤立状態を把握する場合，まず孤立や孤独の意識と客観的孤立状態を区別することが必要です。この２つを区別したのは，イギリスのピーター・タウンゼント（Peter Townsend）でした。彼は，1957年に出版した『高齢者の家族生活―東ロンドンにおける調査研究』（*The Family Life of Old People; An Inquiry in East London*）において，概念として孤独（loneliness）と社会的孤立（social isolation）とを区別して説明しています。社会的孤立とは「家族やコミュニティとほとんど接触がないこと」であるのに対し，孤独とは「仲間づきあいの欠如あるいは喪失による好ましからざる感じ（unwelcome feeling）をもつこと」だとしました。そして社会的孤立は客観的であり，孤独は主観的なものだと言っています。同時に，タウンゼントは社会的孤立状態にある人と貧困との関わりを捉え，「社会的にも経済的にももっとも貧しい人々は，家庭生活から最も孤立した人々」であると述べていることも見逃してはなりません。

　孤立の量を測定する方法として，タウンゼントは「社会的接触（social contacts）」状況を得点（score）化しました。タウンゼントの調査対象はイギリスのロンドンのベスナル・グリーン地区の男65歳以上，女60歳以上です。一般開業医の患者カードから無作為に10分の１を抽出し，261名がリストアップされています。最終的に面接できたケースは203で，３分の２が女性，その半数は寡婦だったとのことです。また５分の１弱の者には，生存子はいません。

　調査期間は1954年10月から55年11月までで，タウンゼント自らが160世帯を訪問し，残りをピーター・マリス（Peter Marris）が行ったとあります。タウンゼントだけでサンプル全体の８割を訪問したことになります。さらに，調査対象のうち12人の高齢者には，１週間にわたっての日記をつけてもらっています[Townsend, 1957：6-10=山室監訳，1974：19-23]。

　タウンゼントの孤立状態にある人の量的把握の方法は次のとおりです。まず，高齢者ごとの「社会的接触」状況を得点化し，１週間あたりの合計を算出

しました。彼は３つの領域——①親族ひとりひとりとの１週間あたり平均接触回数の合計，②隣人や友人のみならず，例えば地区の看護婦，ホームヘルパー，医者をも含めた接触を加える，③その他の社会的活動に一定の得点を加える——を設定しました［Townsend, 1957：166-167＝山室監訳，1974：227-228］。

　こうした基準で，タウンゼントが実施した調査の対象者203人を⑴「孤立していない」，⑵「やや孤立している」，⑶「孤立している」の３つの程度で区分し，その分布を示しています。この社会的孤立の３つの程度の基準は，それぞれ１週間に社会的接触得点が⑴は36点以上，⑵は22〜35点，⑶は21点以下としています。集計結果は孤立していない世帯が77％，やや孤立している世帯が13％，孤立している世帯が10％となりました［Townsend, 1957：168＝山室監訳，1974：229］。

　さらにタウンゼントは，次のように述べます。

> 「社会的孤立は，客観的な標準と関連させて測定される必要がある。問題はいくらか貧困測定におけるそれと似たところがある。『貧困』（poverty）は本来絶対的というよりむしろ相対的な用語であり，その住民中における程度を見出すには，通常２つの段階に分けて行なわれる。ほとんどの人々のあいだに一致のみられる第１段階では，個人の所得に応じて尺度に位置づけるのである。しかし，しばしば第２段階では一致がみられない。というのは，尺度のどの高さに貧困『線』（line）を引くかの決定が含まれているからである。孤立を測定するという作業も同様の仕方で，孤立の程度に応じて尺度のうえに位置づけることと，ある線以下の人々が共通の合意にもとづき『孤立した人』（the isolated）と呼ばれるように，尺度のいずれかの点で線を引くこととに分けることができるだろう。」
>
> ［Townsend, 1957：166＝山室監訳，1974：227］

　さて，イギリスのジェレミー・タンストール（Jeremy Tunstall）は，1966年に『老いと孤独——老年者の社会学的研究』（*Old and Alone: A sociological study of old people*）を出版しています。タンストールの理論的特徴は「孤独（alone）」を包括概念として設定し，その下に独居，社会的孤立，孤独不安，アノミーという４つのカテゴリー（あるいは形態）をおいています。

　タンストールは，タウンゼントの「社会的接触」状況の得点化方式を若干修正して，社会的接触の測定を行っています。これについて，彼は「社会的に最も孤立する老人と最高の社会的接触スコアをもつ者とのスコアの連続の線上

で，どこに接触の足切り点（カットオフ・ポイント）をもうけるかはどうしても独断的にならざるを得ない。今回のイングランドの４地域における調査では，ゼロ点から100点をこえるものまでのばらつきがあった。足切りは週20と21点の間においた」［Tunstall, 1966：67＝光信訳，1978：104］と述べています。

　以上のように，タウンゼントやタンストールによる調査方法の特徴は，高齢者世帯を対象に個々の接触状況を得点化したことにあるといえます。この手法は日本にも影響を与えています。

　後藤昌彦らは，1989〜90年に北海道沼田町と札幌市でひとり暮らし高齢者世帯と高齢者夫婦のみ世帯を対象に調査を実施しています。タウンゼントの方法にヒントを得て，家族関係で６つの指標，地域関係で９つの指標を設定し，それぞれの指標で○と×に分け，その×の数で類型化しています。そして家族関係と地域関係の類型をクロス集計し，そのうちの主なものを類型として抽出しました［後藤ほか，1990；1991］。

　筆者が行ってきた調査は得点化の方法をとっていません。それはタンストール自らがいうような「足切り点」の設定の難しさがあることと，彼らの測定方法では孤立の範囲がより大きく切り取られるのではないかと思ったからです。

　では，どのように貧困と孤立の実態を把握したらよいのでしょうか。まず，基本的視点としては，貧困問題を据えて階層分類をし，その階層ごとの孤立状態を把握し，その特徴を量と質の両面から分析することが必要だと考えています。

（２）調査対象の設定と地域調査

　本書は，筆者の河合と長谷川が関わったひとり暮らし高齢者を対象とした調査のデータを用いて調査方法を解説します。調査対象は，調査の目的から自ずと決まりますが，本書で扱っている高齢者問題をめぐっての調査においても対象の設定については，いろいろな領域が考えられます。

　まずは，高齢者の生活実態そのものを対象とする調査が挙げられます。また，高齢者関連の制度・政策を対象とした調査があります。制度，サービスがどのように機能しているのか，あるいは行政の福祉関係の諸計画を評価する調査もあります。さらには，高齢者関係の現場で働く人々の仕事の内容に関する

調査もあります。他方，社会福祉協議会やNPO団体の活動・事業，ボランティア団体，住民組織の活動，労働組合や団体の運動に関する調査も挙げることができるでしょう。注意したいことは，例えば制度やサービス評価に関する調査において，利用する人々の現実と切り離されて制度やサービスの効果を測定するものがありますが，基本は住民の生活実態把握にあるということです。生活の現実から制度，政策，労働，活動，運動の方向性を考えなければならないと筆者は考えています。制度，政策，労働，活動，運動の調査領域で，問題を抱える住民の生活から離れて，調査が一人歩きしているような内容のものが意外に多いのではないでしょうか。そこでは，対象の課題はすでにわかっているという前提で，調査の重点がサービスを提供する側，活動する側に限定されたものをよくみかけます。それぞれの調査領域に独自の意義があることは言うまでもありませんが，誰のため，何のための制度・サービスそして活動なのかを忘れてはいけません。

　さて，調査の種類には，全国調査から特定地域・自治体，さらには特定の集団に対するものまであります。筆者が実施してきた調査では，基礎自治体の範囲を対象にしたものが多く，その中には悉皆調査も幾つか含まれています。基礎自治体の範囲の，特定の対象全数を対象にした調査は，全国レベルの調査では得ることができない内容があり，それが地域調査の強みでもあります。本書では，東京都港区におけるひとり暮らし高齢者の全数を対象とした調査結果のデータを使います。

　さて，ひとり暮らし高齢者へのアンケートの内容を検討する前に，まず港区の地域特性を調べることが必要です。①人口・世帯動態，②町名別人口動態，③産業構造，④住宅，⑤人口構成，高齢化率，⑥ひとり暮らし高齢者数の推移，⑦高齢者に対する福祉施策，特に自治体独自の施策も含めて制度の実状等を既存統計で把握します。

　既存統計から調査対象地域をみてみましょう。地域に関わるデータとして，例えば**表2-1**は港区の町名別に人口の推移をみたものです。第1章で述べたように，港区の人口数の推移をみると，1984年から長期的な減少傾向にありました。1995年4月には15万人を割り込みましたが，大型集合住宅の建設による人口増加に伴い，2009年5月には20万人を突破しました。この表では

表 2 - 1　港区における町名別人口の推移

	町名	1985年	1995年	2000年	2005年	2007年	2011年	増加率（％）		
								1985〜2000年	1985〜2007年	1985〜2011年
1	愛宕	675	256	183	269	300	293	−72.9	−55.6	−56.6
2	西新橋	2,484	1,343	1,128	1,067	1,115	1,058	−54.6	−55.1	−57.4
3	新橋	4,362	2,700	2,359	2,139	2,216	2,039	−45.9	−49.2	−53.3
4	元赤坂	909	716	535	509	553	522	−41.1	−39.2	−42.6
5	虎ノ門	4,111	2,586	2,307	2,152	2,239	2,432	−43.9	−45.5	−40.8
6	北青山	5,747	3,891	3,618	4,532	4,268	3,763	−37.0	−25.7	−34.5
7	南青山	18,653	13,776	13,507	13,082	13,072	12,909	−27.6	−29.9	−30.8
8	麻布台	1,984	1,409	1,427	1,474	1,555	1,432	−28.1	−21.6	−27.8
9	芝大門	1,924	1,287	1,340	1,323	1,360	1,426	−30.4	−29.3	−25.9
10	六本木	11,703	8,290	7,732	8,432	8,929	8,719	−33.9	−23.7	−25.5
11	浜松町	2,096	1,007	959	957	956	1,562	−54.2	−54.4	−25.5
12	麻布永坂町	215	144	130	138	152	163	−39.5	−29.3	−24.2
13	元麻布	4,691	3,612	3,520	3,707	3,707	3,672	−25.0	−21.0	−21.7
14	白金台	11,973	10,063	9,643	9,607	9,970	9,958	−19.5	−16.7	−16.8
15	麻布狸穴町	317	255	253	290	287	267	−20.2	−9.5	−15.8
16	芝公園	1,205	774	766	797	959	1,038	−36.4	−20.4	−13.9
17	赤坂	14,315	9,482	10,270	10,952	11,062	12,626	−28.3	−22.7	−11.8
18	西麻布	9,416	7,022	7,298	8,589	8,613	8,414	−22.5	−8.5	−10.6
19	芝	12,425	8,175	8,029	9,215	10,299	11,167	−35.4	−17.1	−10.1
20	南麻布	12,499	10,345	10,888	11,603	11,828	11,846	−12.9	−5.4	−5.2
21	三田	15,681	12,314	13,860	14,298	14,886	15,337	−11.6	−5.1	−2.2
22	東麻布	3,938	2,781	2,975	3,644	3,823	3,883	−24.5	−2.9	−1.4
23	高輪	19,061	14,930	15,004	17,647	18,863	19,075	−21.3	−1.0	0.1
24	白金	14,723	12,454	12,822	13,378	14,898	14,788	−12.9	1.2	0.4
25	麻布十番	4,820	3,996	4,376	5,089	5,519	5,363	−9.2	14.5	11.3
26	海岸	2,861	2,810	2,851	4,337	4,794	5,119	−0.3	67.6	78.9
27	芝浦	8,710	9,025	8,638	8,446	9,402	17,651	−0.8	7.9	102.7
28	東新橋	461	287	268	1,427	1,520	1,589	−41.9	229.7	244.7
29	港南	5,206	4,607	5,565	7,443	13,397	18,292	6.9	157.3	251.4
30	台場	0	4	3,143	4,428	5,068	5,140	—	—	—
	合計	197,165	150,341	155,394	170,971	185,610	201,543	−21.2	−5.9	2.2

資料：港区住民基本台帳各年 1 月 1 日現在。

2011年で人口は20万1543人となっています。人口の増加率は，1985〜2000年の期間では区全体でマイナス21.2％，1985〜2007年ではマイナス5.9％ですが，

1985〜2011年では2.2％のプラスとなっています。

　しかし，これを町名別にみると，港区全体とは大きく異なる区の素顔がみえてきます。全体で2.2％の人口増となった1985〜2011年の期間で，人口の減少が最も著しい町は西新橋のマイナス57.4％，ついで愛宕のマイナス56.6％，新橋のマイナス53.3％，元赤坂のマイナス42.6％，虎ノ門のマイナス40.8％となります。他方，人口が増えている主な町は港南のプラス251.4％，東新橋のプラス244.7％，芝浦のプラス102.7％，海岸のプラス78.9％です。2011年の区の総人口が20万人を超えたといっても，全30町あるうち，人口が増えたところは高輪から台場までの8つの町のみで，残りの愛宕から東麻布までの22の町では人口が減少しているのです。

　このように港区を町名ごとにみると，地域住民の流出・流入が激しく，地域社会としては非常に不安定であることがわかります。

　もう1つのデータをみておきましょう。それは，ひとり暮らし高齢者数の推移です。ひとり暮らし高齢者という場合，住民基本台帳上の1人暮らし高齢者と実質ひとり暮らしの高齢者とを区別しなければなりません。当然のことながら，ひとり暮らし高齢者がすべて実質1人の暮らしをしているとはいえません。住民票上，世帯は分離していても同一敷地内に子どもの家族が住んでいる場合もあるでしょうし，また近所に兄弟あるいは姉妹がいることもあります。

　港区は，これまで民生委員を調査員として，実質ひとり暮らしの高齢者数を把握する調査を実施してきています。港区によれば，この調査でひとり暮らし高齢者とは「近隣（同一建物等）に，3親等以内（親，子，兄弟姉妹，孫，おじ，おば，甥，姪，ひ孫）の親族のいない人」とされています。この調査の初期には，「近隣」を「半径500メートル以内」という定義もあったようですが，今は厳密には考えていないとのことです。

　図2-2は，1985年から2015年までの主要年におけるひとり暮らし高齢者数の推移をグラフにしたものです。全体として，ひとり暮らし高齢者の数は増加傾向にあります。特に2006年からその数が急に増えています。これは調査方法の変更によるところが大きいとのことです。2005年までの調査は，初年度すなわち1982年の住民票のひとり暮らし高齢者の全数調査を実施したリストに，毎年，その年に65歳になる単身の高齢者を民生委員が訪問して，実質ひとり暮ら

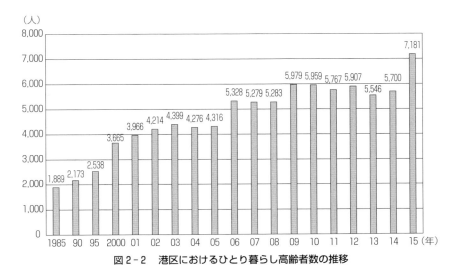

図 2 - 2　　港区におけるひとり暮らし高齢者数の推移

しかどうかを確認し，ひとり暮らしの者をリストに加え，他方，亡くなった者
はリストから外す方式をとってきました。区の調査担当者によれば，この従来
方式ではひとり暮らし高齢者の捕捉が十分ではないという認識から，2006年度
から次のような調査方法に変更したとのことです。

　新方式は，住民基本台帳で単身の65歳から69歳までは郵送調査，70歳以上は
民生委員による訪問調査で実質ひとり暮らしの高齢者を確定するというもので
す。この調査を3年ごとに行い，中間年は従来方式の調査を行うこととなりま
した。新方式による調査の結果，2006年で5328人，2007年で5279人，2008年で
5283人という実質ひとり暮らしの高齢者数が明らかになりました。ただし，新
方式の3年に1度の大規模調査では65歳から69歳までの郵送による調査は回収
率が低く（例えば，2006年調査では30％程度の回収率），調査担当者によれば，新
方式によって把握されたこれらの数字も実態よりは少ないと考えるべきとのこ
とでした。港区におけるひとり暮らし高齢者は明らかに増加傾向にあります。
2015年には，その数が7181人となっています。

　こうした実質ひとり暮らし高齢者数は，地方自治体ごとに調査されていま
す。定義，調査の仕方は，それぞれの自治体ごとに異なりますので確認が必要

です。ただし，実質ひとり暮らし高齢者の数を把握していない自治体も皆無で
はありません。そして，行政以外の外部の調査主体にとって，その名簿を手に
入れることは非常に困難です。その意味でも，調査は，行政当局や関係団体そ
して調査対象者の理解を得ること，このことが調査作業の重要な位置を占めま
す。地元の理解を得る努力が，調査全体の作業の半分以上を占めるといっても
過言ではありません。地元の理解がなければ調査はできないのですから。

　以上，２つのデータを示したに過ぎませんが，既存データの分析は調査の設
計にとって非常に大切なものです。

2　調査票の設計

　本書第Ⅱ部の分析に使うデータである港区におけるひとり暮らし高齢者調査
の調査項目について紹介しながら，調査票の設計のポイントを説明します。な
お，本書の最後に調査票を転載していますのでご覧ください。

(1)　調査時点
　まず，調査に答えてもらう時点を設定する必要があります。本調査では，
［平成23（2011）年6月1日現在でお答え下さい］と調査票の質問事項の頭に
明記しました。年齢あるいはある状態がいつのことかを確定するには，調査時
点が必要です。これは調査期間とは別のことで，調査時点は，調査期間の初日
かそれ以前の近い日を設定するとよいでしょう。

(2)　基本属性
　調査対象者の基本属性は非常に大切です。フェース・シート（face sheet）と
もいいますが，分析段階でクロス集計をする場合の重要な項目となります。一
般に，性別，年齢，住宅，住所，在住期間，学歴，職業，収入等です。特に学
歴，職業，所得などの項目は尋ねづらいものですので，調査票の半ばあるいは
最後の方に置かれるのが普通です。答えることに抵抗を感じるような設問が初
めの方にあると，もしそこで回答が止まると，その調査票が回収できたとして
も，無回答の設問が多くなります。そのことを避けるためです。

　筆者たちの調査では，年間収入を必ず尋ねるようにしてきました。対象者の社会階層的位置を知るためには，この項目は必要です。調査の設計段階から，収入を尋ねることを避けることがよくありますが，重要項目ということで，調査関係者を説得することが大切です。

　なお，地域調査の場合，現住所を町名，あるいは丁目まで答えてもらっておくと，幾つかの地区に分け，分析することができます。また，住宅については，持ち家か賃貸か，一戸建てか集合住宅か，あるいは公営住宅かどうかを尋ねることが必要です。

(3)　健康状態と介護・福祉サービスの利用状況

　健康状態については，病名を尋ねる調査もよくありますが，医療関係の専門家が行う調査でない限り，あまりお勧めできません。また病名を自分で答えてもらう方式の調査票もありますが，回答率があまりよくありません。筆者は回答者の主観的健康観を5段階（1.良い　2.まあ良い　3.普通　4.あまり良くない　5.良くない）で尋ねる方式をとってきました。病気をもっていても本人が問題ないと思っているならばよいという判断をする設問です。

　諸制度の利用状況については，かなりの数の制度を一覧で掲げて利用の有無を尋ねたこともありますが，期待する回答を得ることはできませんでした。それは，回答者が自分が利用している制度をよく理解していないことが多いからです。調査員が直接訪問し，生活状況から判断して利用している制度を尋ねることまでしないと正確な制度の利用実態は把握できません。とはいえ，最低限必要な設問として，介護保険サービスを利用しているか否か，また調査テーマに関わる厳選したサービスについては置いてきました。

(4)　職　　　業

　職業は基本属性ですが，この設問も回答を拒否されやすいものですので，調査票の適当な位置に置く工夫が必要です。職業に関する設問で階層的位置がわかるといいのですが，調査対象者が自分で答える自計式の調査票では，設問を簡単にせざるをえず，限界があります。詳細な調査として，勤務先の規模，従業上の地位まで尋ねることがありますが，これらのデータは調査員による直接

面接でなければ把握がなかなか困難です。

　今回の港区でのひとり暮らし高齢者調査では次のような職業分類で最長職，すなわち生涯で一番長く従事していた仕事を選択していただきました。

あなたが今までに一番長く従事されたお仕事は何ですか（○は１つ）。

1.自営業者・家族従業員
2.公務員（教員含む）
3.会社経営者・会社役員・団体役員
4.勤労者（事務職）
5.勤労者（生産現場・技術職：工員，運転手など）
6.勤労者（販売・サービス業：店員，外交員など）
7.医療・福祉従事者（看護師，保育士など）
8.専門的技術的職業（医師，弁護士，研究者など）
9.臨時職・日雇い・パート・アルバイト・派遣職員
10.農林漁業
11.自由業（執筆業，芸術関係）
12.専業主婦・専業主夫・無職
13.その他（　　　　　　　）

　ひとり暮らし高齢者は女性が多いですが，女性の場合，専業主婦（無職）がかなりの割合を占めます。その場合，配偶者の職業を尋ねる必要があります。世帯としての職業的位置を知りたいからです。

　そこで，調査対象者に結婚の有無を尋ね，そのうえで「結婚したことがある」人には，配偶者の最長職を尋ねます。結婚の有無をじかに尋ねると答えてくれない場合が多いですが，職業の流れで尋ねるとそれほど抵抗なく答えてくれます。ここから未婚率も出すことができます。

⑸　日常生活について

　まず，食品や日用品の買い物についての頻度・場所・困りごと等について尋ねました。ひとり暮らし高齢者の出現率が高い地域の１つとして都市の中心部，官庁や企業の事務所が多い地域を挙げることができます。そうした地域では，近所にお店がない，店といってもコンビニがあるくらいという状況です。「買い物難民」が都会の中心部でみられます。また高齢者にとって深刻なのは，お米など重たい物を運ぶのが大変なことです。買い物難民は農山村だけではなく都会でもみられるのです。

　次に，日常生活での困りごとについて尋ねました。交通の便，公共施設の近

接性，買い物をする場所，治安，ゴミ出し等の困りごとの実態をみることが大切です。こうした日常生活をみるときに重要なのが「外出手段」です。都会の場合は，交通機関が充実しているので問題ないように思われますが，都市部でも高齢者にとって交通機関まで遠いことが負担になっています。また，横断歩道を信号が青の間に渡りきれず，信号で囲まれた範囲の限られた地域内で生活している高齢者が結構います。

　地方では，車が外出手段の重要なものになっていますが，高齢者にとって車がどの程度外出手段となっているかは確かめる必要があります。特に注目したいのは，車を運転できる人の男女差です。女性は，男性より運転できる人の割合が非常に低いことに注意したいものです。外出手段として主に車を想定できる高齢者は，限定的だということです。

　日常生活で困ったことがあったときに，誰に手伝ってもらっているかも重要な設問です。困ったときの支援者は家族，親族，友人，近隣の人，専門家，ボランティア等が考えられますが，設問の最後に「手伝ってもらう人がいない」という項目を入れておくことも大切です。

⑹　家族・親族ネットワーク

　高齢者の孤立問題にとって家族・親族ネットワークの状況把握は重要です。とりわけひとり暮らし高齢者にとっては，子どもがいるかどうか，そしてその子ども家族とのつながり状況は，生活の様子に大きな影響を与えます。兄弟・姉妹や親戚との関係も大切です。そうした人々がどこに住んでいるのか，そしてそうした人々との接触頻度の測定もしたいものです。

⑺　友人や近隣とのネットワーク

　日頃親しくしている友人・知人の有無，そしてそれは誰かを把握しましょう。友人のネットワークは，いざという時の支えになります。

　また，近隣ネットワークの状況把握も大切です。「近所づきあい」の程度を測定しましょう。近隣ネットワークの状況は，都市部と地方では大きく異なるものです。一般に都市部で近隣関係は希薄であり，地方へいくほど近隣とのつきあいの程度は深くなります。ただ，近隣との関係が深い地方でも近隣ネット

ワークが希薄状態にある高齢者は，一定数存在します。都市との比較で割合が少ないということで，ネットワークが希薄な人たちを軽視してはいけません。

(8)　緊急時の支援者

　私たちの調査で重視してきた設問の1つに「病気などで手助けを必要とする時にすぐに来てくれる人がいるかどうか」があります。私たちは，駆けつけてくれる人を「緊急時の支援者」と呼んでいます。その支援者がいるかどうか，そして「主に来てくれる人」は誰かを尋ねてきました。

　緊急時の支援者がいない高齢者は，明らかに孤立しているといえるでしょう。しかし私たちは，この人たちの量は少なく見積もった値とみてきました。実際に孤立している高齢者はもっと多いと考えています。

(9)　お正月の過ごし方

　親族とりわけ家族との関係をみる指標として，ヨーロッパではクリスマス休暇を誰と過ごしたかが挙げられています。筆者たちは日本の場合，それをお正月の過ごし方と考えました。具体的には，お正月三が日を過ごした相手を尋ねることにしたのです。

　ただし，地域によってお正月に家族が集まる日は異なるので注意が必要です。実際，山形県では大晦日に家族が集まるという地域があります。これに対応するため，年末年始の期間で尋ねることもしました。

　ともあれ，「今年のお正月（1日から3日まで）はどなたと過ごされましたか（○はいくつでも）」という選択肢のなかに「ひとりで過ごした」という項目を入れておきます。

　なお，この設問を「お盆」の時期でとることもできるでしょう。実際に，お盆を誰と過ごしたかという設問をおいたこともありましたが，お正月とそれほど変わりませんでした。それゆえ，筆者たちが行ってきた調査では，お正月での設問が多くなっています。

　筆者たちの調査によって，都市と地方の違いを超えて，3割前後のひとり暮らし高齢者がお正月三が日をまったく1人で過ごしている現実がみえてきました。しかもその割合は増加してきているのではないでしょうか。地域ごとの調

査が望まれるところです。

⑽　外出頻度，社会参加活動

　外出頻度や社会参加の程度は，ある個人の社会的ネットワークの状況を把握する要素となります。まず外出頻度については，1週間単位で外出回数を尋ねました。設問の選択肢は，「1.ほとんど毎日　2.1週間に4，5日くらい　3.1週間に2，3日くらい　4.1週間に1回くらい　5.ほとんど外出しない」の5つとしました。このうち，外出が1週間に1回以下は，閉じこもり傾向にあると筆者たちは判断しています。さらに，外出が少ない理由を尋ねることも重要です。その理由としては，身体上や健康上の心配がそれなりの割合を占めますが，なぜ家にいることが多いのかを尋ねることも重要です。

　また，注意したいのは，外出していても誰とも話をしないという状態の人がいるということです。2006年に実施した横浜市鶴見区でのひとり暮らし高齢者調査では，1週間の日記をつけてもらうことに成功しました。68歳の男性で，一次調査では「外出は週1回以下」と答えている人です。以下の日記をみてください。

7月6日（木）　朝起床　8時30分
ごはん1杯　みそ汁1杯　生玉子1ヶ　終了
寝る　11時30分

7月7日（金）　朝起床　8時30分
朝食事　パン1ヶ　牛乳1本　終了
自転車で散歩　5時間　昼食事無し
電車で散歩で終了
夜　8時30分食事　ラーメンライス　終了
寝る　11時30分

7月8日（土）　朝起床　8時30分
食事　パン1ヶ　月見そば
家中で掃除を2時間
自転車散歩　昼食事無し
周囲をふらふらして終了
夜食事　のり弁当1ヶ　みそ汁1杯　終了
寝る　10時30分

7月10日（月）　朝起床　8時30分
パン1枚　牛乳1本　終了
自転車散歩
昼食事　天丼1ヶ　終了
夜食事　天ぷら定食　終了
寝る　11時00分

7月11日（火）　朝起床　8時30分
お新香　ナットウ　ライス　終了
部屋のお掃除　その他　終了
昼食事　もりそば大盛り1ヶ
自転車での散歩　終了
夜食事　刺し身定食　終了
寝る　11時30分

7月12日（水）　朝起床　7時50分
ラーメンライス　お新香　終了
お部屋の掃除　その他　終了

7月9日（日）　　朝起床　8時30分	昼食事　のり弁当　みそ汁で終了
天ぷらそば1ヶ　　終了	自転車散歩に行く
自転車散歩　30分ふらふら	夜食事　さばみそ煮定食　　終了
昼食　ニラレバ炒め定食	寝る　10時50分
家中掃除　終了	
夜食事　8時30分　ラーメンライス　　終了	
寝る　11時30分	

　この日記にあるように，この方は実際には毎日のように外出はしているのですが，誰とも話をしていません。自転車での散歩が多く，また暑い日は，南部線に乗り，立川と川崎の間を行ったり来たりして時間をつぶしているのです。外出はしていてもご本人は，本当の「外出」とは考えていないのでしょう。ですから，一次調査では「外出は週1回以下」と答えたのでしょう。このケースについては，河合克義［2009：217-219］をご覧ください。外出と社会的ネットワークとは別のものであることを認識しなければなりません。

　さて，社会参加活動については，趣味，スポーツ，学習，ボランティア，町会・自治会等の参加状況を尋ねますが，ここでも最後に「参加していない」という選択肢を忘れてはいけません。また，参加していない理由，そして今後の参加意向も尋ねたいところです。

⑾　生活意識

　次章以降で解説するように，多変量解析の手法を使う場合，データの型によって使える手法が異なってきます。データ分析を行う際，まずは自分の扱おうとするデータの型を認識することが重要です。データには，カテゴリー型（質的データ）とスケール型（量的データ）があります。社会科学系の調査ではカテゴリー型のデータが多いのですが，多変量解析を使う場合，スケール型のデータを調査の中で得ることが求められます。ただ，カテゴリー型のデータで多変量解析がまったくできないわけではありません。それが，コレスポンデンス分析です。これはカテゴリー間の関係性を距離で示すものですが，詳細は第5章で説明します。

　さて，筆者たちの調査では，リッカートスケール（Likert scales）という5段階の質問項目を並べて，その平均値をスコアとして扱い，因子分析を行いまし

表2-2　生活意識に関する設問

問37　次の項目のそれぞれについて「とてもそう思う」から「まったくそう思わない」までの
　　　5段階のうち，あなたの気持ちに近いものを選んでください。

		とても そう思う	まあ そう思う	どちらとも いえない	あまりそう 思わない	まったくそう 思わない
(1)	今のくらしには張り合いがある	1	2	3	4	5
(2)	今のくらしにはストレスが多い	1	2	3	4	5
(3)	生活は充実している	1	2	3	4	5
(4)	生活していて不安や心配がある	1	2	3	4	5
(5)	趣味をしている時間は楽しい	1	2	3	4	5
(6)	友人との関係に満足している	1	2	3	4	5
(7)	近所づきあいに満足している	1	2	3	4	5
(8)	自分は頼りにされていると思う	1	2	3	4	5
(9)	周囲から取り残されたように感じる	1	2	3	4	5
(10)	将来の生活は安心できる	1	2	3	4	5
		とても そう思う	まあ そう思う	どちらとも いえない	あまりそう 思わない	まったくそう 思わない

た。**表2-2**がその設問です。10項目の生活の様子に関する質問をおき，それぞれについて「1.とてもそう思う　2.まあそう思う　3.どちらともいえない　4.あまりそう思わない　5.まったくそう思わない」という5段階の中から選んで答えてもらうものです。

　後にみるように，因子分析には，この10項目を含めてさらに多くの数の変数を使いました。

(12)　経済状況

　アンケート調査で収入を尋ねることは，なかなか難しいことです。調査主体の調査設計段階で収入に関する設問について反対されることがよくあります。しかし，これは調査対象者の生活状況，社会階層的位置を知るには欠かせない項目です。調査の趣旨を調査主体に丁寧に説明し，了解を得る努力を惜しんではなりません。

　港区調査では，年間収入額，収入の種類，収入の主なものを尋ねました。同時に，自分の経済状況についての意識も聞きました。具体的には，「1.かなり余裕がある　2.やや余裕がある　3.余裕はないが生活していくには困らない　4.やや苦しい　5.かなり苦しい」という選択肢です。

　筆者の経験で，収入額を設問としておけなかった調査では，この経済状況の意識で代替したこともありますが，不満の残る分析となってしまいました。

⒀　自由回答について

　調査では，自由回答を複数箇所においているものをみかけますが，あまりよいとはいえません。調査票の設計段階で考えるべきことは，調査票にストーリー性をもたせることです。設問が進むなかでテーマが展開され，回答者の問題意識がはっきりしてきたところで，自由回答欄に記入をしてもらうという展開があると，すばらしい自由意見を得られるのです。

【引用参考文献】

唐鎌直義「増え続ける貧困高齢者―その原因とメカニズム」稲葉剛・青砥恭ほか（2016）『ここまで進んだ！　格差と貧困』新日本出版社

河合克義（2009）『大都市のひとり暮らし高齢者と社会的孤立』法律文化社

後藤昌彦・山崎治子ほか「農村における老人の社会的孤立」財団法人北海道高齢者問題研究協会（1990）『北海道高齢者問題研究』6号，財団法人北海道高齢者問題研究協会

後藤昌彦・山崎治子ほか「都市における高齢者の社会的孤立」財団法人北海道高齢者問題研究協会（1991）『北海道高齢者問題研究』7号，財団法人北海道高齢者問題研究協会

Townsend, Peter（1957）*The Family Life of Old People, An Inquiry In East London*, Routledge and Kegan Paul（山室周平監訳（1974）『居宅老人の生活と親族網―戦後東ロンドンにおける実証的研究』垣内出版）

Tunstall, Jeremy（1966）*Old AND ALONE, A sociological study of old people*, Routledge and Kegan Paul（光信隆夫訳（1978）『老いと孤独―老年者の社会学的研究』垣内出版）

第Ⅱ部　実態を正確に把握する
調査の基本と方法

第3章
量的調査①

データ解析の実際

　本章では，データ解析をする際に知っておかなければならない基本事項について説明をします。この基本事項を発展させて，実際のアンケート調査を使って，どのように出力し，解釈するのかを説明します。

1　データのかたち：データ型

　データ分析を行う際に最初に行うのは，自分の扱おうとするデータの型を認識することです。データは大きく分けてカテゴリー型とスケール型になります。カテゴリー型を質的データ，スケール型を量的データとも呼びます。カテゴリー型のデータには名義尺度と順序尺度があり，スケール型のデータには間隔尺度と比（率）尺度があります。この4つの尺度の特徴は**表3-1**のとおりです。

表3-1　質的データと量的データ

質的データ （カテゴリー型）	名義尺度	分類をするために数値を割りあてたもの。大小関係をもたない変数。（例：男・女・地区（東・西・南・北）） 特徴：同一性
	順序尺度	名義尺度の情報にプラス大小関係をもつ変数（大・中・小／上・中・下／低・中・高など，大小関係を表す）。 特徴：同一性，順序性
量的データ （スケール型）	間隔尺度	ある一定の尺度（測度）で測られた変数（目盛か等間隔）。 カテゴリー型とスケール型の違いには，データの間隔が等間隔かどうかによる。 順序尺度（カテゴリー型）のデータではカテゴリー間の間隔は等しくない。しかし，間隔尺度以上の尺度の場合は，データ間の間隔は等しい。 特徴：同一性，順序性，加法性
	比率尺度	間隔尺度に原点0が含まれる変数。原点0が含まれることで，データを等倍することができる変数。 特徴：同一性，順序性，加法性，等比性

　以上の４つの尺度を確認することが分析の始まりとなります。次のデータの
要約，要約統計量の出力やデータの関係性の調査や多変量解析へとつながって
いきます。最初にデータの尺度を確認し，その尺度に基づいて統計量の出力や
関係性を調査し，多変量解析へと分析を進めていくのです。

2　データをまとめる：データの要約（要約統計量）

　データを収集しただけでは，そのデータがどのようなものなのかわからない
ので，データをまとめる必要があります。つまり，データの要約（要約統計量
という）です。これからデータの要約統計量について説明します。
　要約統計量には，中心傾向の測度と散らばりの測度があり，前者を分布の中
心の位置の統計量とも呼びます。この中心傾向の測度には**最頻値**（Mode），**中
央値**（Median），**平均値**（Mean）があり，最頻値は最も頻度の多いカテゴリー
の値，中央値はデータを順に並べたときに中央に位置した値で，50％タイル値
（50％目にあたる値のこと。パーセンタイル値：百分位数とも呼ばれる。データを小さ
い数字から大きい数字に並びかえたときにどこに位置するのかを測定する数値）と同じ
ものとなります。平均値は，算術平均ですべてのデータを足し合わせてその数
で割ることで計算されます。このように，中心傾向の測度はデータ全体である
分布を考えた場合に，分布の中心に位置する統計量である位置の統計量となり
ます。
　次に，中心からの散らばりの統計量を説明します。データ全体をみると分布
の**最小値**や**最大値**，そして最大値から最小値を引いた値である**範囲**がありま
す。また，データを４つに分割したもの（25％タイル値，50％タイル値，75％タイ
ル値で分割）のうち中心の50％の散らばりを**四分位範囲**（IQR）といい，25％タ
イル（25％目にあたる値）から75％タイル（75％目にあたる値）の真ん中の50％の
散らばりになります。また，散らばりの測度の代表的なものに**分散**（Variance）
と**標準偏差**（Standard Deviation）があります。
　散らばりの測度を図で表すと**図3-1**のようになります。
　分散の計算方法は，個々の値と平均値との差を２乗して足しあわせた数を
"データの件数（n）－１（n－1）"で割ります。２乗するのは，平均よりも大

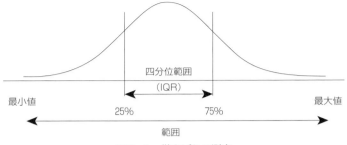

図３-１　散らばりの測度

きい値と小さい値があるのですべてプラスの値にするためです。そしてn－1
で割るのは，分散を計算するには平均値を使って計算するので，最後の１ケー
スについては自動的に計算されるため，その偏りを取り除くためです。この分
散を不偏分散といいます。

　しかし，この分散はデータの単位が異なります。２乗された値になっている
ので，データの単位を戻すために平方根（ルート）をとります。これが標準偏
差となります。分散そのものを見るよりも標準偏差の値を見て，平均値と標準
偏差の値で分布の中心の位置の統計量と，中心の位置からの散らばりの統計量
である標準偏差を確認します。分散そのものを見るよりも標準偏差の２乗と書
かれます。そのため，平均値と標準偏差の２乗のようにして表現されることが
多いです。

$$\text{不偏分散 :}\quad V = \frac{1}{n-1}\sum_{i=1}^{n}\left(x_i - \bar{x}\right)^2$$
$$\text{と}$$
$$\text{標準偏差 :}\quad S.D. = \sqrt{V}$$

　ところで，これら統計量は，先に説明した尺度によって使える／使えないこ
とがあります。どの尺度の場合にはどの要約統計量が適しているのかを判断す
るために，尺度の確認が重要です。表３-２は尺度と統計量のテーブルから判
断したもので，表中の○印は使えるデータの尺度と統計量の組み合わせを示し
ています。

表3-2　尺度と統計表

	中心傾向の測度			散らばりの測度					
	最頻値	中央値	平均値	最小値	最大値	範囲	IQR	分散	SD
名義尺度	○	×	×	×	×	×	×	×	×
順序尺度	○	○	×	○	○	○	○	×	×
間隔尺度	○	○	○	○	○	○	○	○	○
比率尺度	○	○	○	○	○	○	○	○	○

3　使用するデータの要約：標本の記述統計量

　以上の要約統計量からデータの分布状況を確認します（このことを統計的記述または記述統計という）。記述統計を実行することでデータの分布状況を示しますが，実行の際に必要となるのが表計算ソフトであるExcelや統計解析ソフトです。Excelのような表計算ソフトは，ある程度の統計量は出せますが，高度な統計手法の実行や論文を書く際には統計解析ソフトを使用します。本書では，GUI（Graphical User Interface）での操作で簡単にでき，そして本書第2章で説明している「港区におけるひとり暮らし高齢者調査」で使用したIBM SPSS Statisticsを使って分析します。

● SPSS Statisticsのメインメニューの分析メニューから始める

①　分析メニュー

「分析＞記述統計＞記述統計」を選択し，右側の変数ボックスに変数を投入し，実行します（②）。

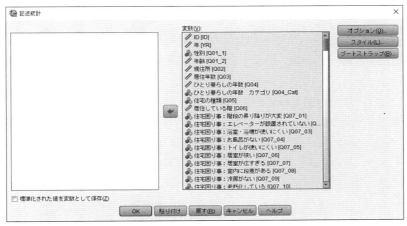

②　記述統計ダイアログボックス

記述統計量					
	度数	最小値	最大値	平均値	標準偏差
ID ID	3947	1	3971	1982.37	1145.345
YR 年	3947	2011	2011.00	2011.00	.000
Q01_1 性別	3947	1	999	20.25	134.373
Q01_2 年齢	3875	66	99	77.16	6.773
Q02 現住所	3947	1	999	90.70	138.171
Q03 居住年数	3947	1	999	55.93	132.012
Q04 ひとり暮らしの年数	3828	1	78	19.49	14.881
Q04_Cat ひとり暮らしの年数　カテゴリ	3828	1	5	3.93	1.181
Q05 住宅の種類	3947	1	999	17.21	118.870
Q06 居住している階	3947	1	999	22.08	127.515
Q39 預貯金額	3947	1	999	201.30	395.621
Q40_1_01 収入源：年金	3947	0	999	29.71	167.183
Q40_1_02 収入源：生活保護	3833	0	1	.07	.252
Q40_1_03 収入源：預貯金	3833	0	1	.28	.448
Q40_1_04 収入源：利子、配当、家賃、地代	3833	0	1	.20	.397
Q40_1_05 収入源：子どもなどからの仕送り、援助	3833	0	1	.05	.214
Q40_1_06 収入源：仕事による収入	3833	0	1	.19	.393
Q40_1_07 収入源：その他	3833	0	1	.03	.173
Q40_2 主な収入源	3947	1	999	191.40	387.409
Q41 経済状況の感じ方	3947	1	999	71.19	251.450
Q42FA 自由回答の有無	3947	0	1	.31	.463
Q43 二次調査の受け入れ可否	3947	0	1	.16	.369
有効なケースの数（リストごと）	197				

③　記述統計量の出力

　このように実行していくと，上で説明した統計量やデータの件数である度数が出力されます（③）。また，この度数の一番下にある「有効なケースの数（リストごと）」と表示されている出力では，上で選択し出力された変数すべてにおいて有効な数が表示されます。「この有効なケースの数（リストごと）」は，上で選択した変数すべてを使用するような多変量解析を行う場合やデータの件数を確認する場合に使用します。

● これらの統計量の他の統計量を出力したいときは，度数分布表を選択→ 表とグラフで確認

　「分析＞記述統計＞度数分布表」を選択し，右側の変数ボックスに変数を投入します。統計量のボタンをクリックし，統計量を選択します。

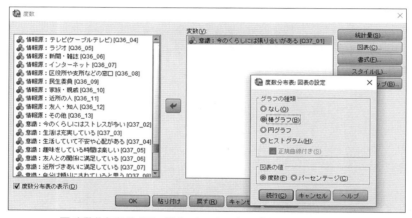

④ 度数分布表ダイアログボックスと図表サブダイアログボックス

　統計量だけではなく，図表で分布状況を視覚的に確認することがあります。その場合には，図表ボタンから選択をします（④）。が，このときもデータの尺度を考える必要があります。カテゴリーデータの場合には棒グラフか円グラフを選択し，スケールデータにはヒストグラムを選択します。

　以上のようにして，統計量などをテーブル（表）で出力するものとグラフで出力することで分布状況を確認します（⑤）。以降の内容でも同様に，テーブルとグラフで確認します。

5 度数分布：統計サブダイアログボックス

● 出力された統計量を確認→分布状況を確認

　最初の統計量の出力では，先ほど設定
した統計量が出力されます。これら統計
量からデータの分布状況を確認します。
分布の中心の位置の統計量である中心傾
向の測度から分布の中心の位置を確認
し，その中心からの散らばりの測度で分
布状況を確認します。

　次に出力されるのは，度数分布表です
（7）。6 の統計量に有効数と欠損値が
あったように，ここでも有効数の各カテ

統計量

Q37_01 意識：今のくらしには張り合いがある

度数	有効	3555
	欠損値	392
平均値		2.54
中央値		2.00
標準偏差		1.027
分散		1.055
範囲		4
最小値		1
最大値		5

6 度数分布表の統計量の出力

ゴリーの度数（件数）と欠損値の件数が出力されます。度数の右隣のパーセン
トはこれらの割合を，有効パーセントは有効数の割合を示しています。欠損値
を含めた割合がパーセントで，有効パーセントは有効数のみの割合になりま
す。隣の累積パーセントは上から順に足した累積の割合になります。この累積
パーセントは名義の尺度の場合には使えないといわれます。というのは，名義
の尺度には順序の概念をもたないので，上から足し合わせることに意味がない

からです。⑦をグラフ化したのが⑧ですが，分布状況がよくわかります。

　　今回使用した"今のくらしには張り合いがある"変数ですが，5段階で測る
リッカートスケール法(リッカート尺度法)を用いています。このようなリッカー
トスケール法は，量的データとして扱ってもよいと言われていますので，ここ
では統計量（平均，分散など）を出力し度数分布表，棒グラフとして表し，分布
状況を確認しました。

Q37_01 意識：今のくらしには張り合いがある

		度数	パーセント	有効パーセント	累積パーセント
有効	1 とてもそう思う	487	12.3	13.7	13.7
	2 まあそう思う	1441	36.5	40.5	54.2
	3 どちらともいえない	1000	25.3	28.1	82.4
	4 あまりそう思わない	467	11.8	13.1	95.5
	5 まったくそう思わない	160	4.1	4.5	100.0
	合計	3555	90.1	100.0	
欠損値	999 無回答	392	9.9		
合計		3947	100.0		

⑦ 度数分布表

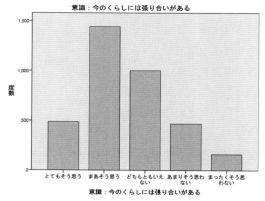

⑧ 度数分布表の棒グラフ

4　データの対象者：サンプルデータ(標本)

　　データの対象は，母集団から取られたデータの一部であると考えられます。
この代表者のデータをサンプルデータ，標本と考えます。

● 分布状況，データの散らばりを知る

第2節で説明した要約統計量を使って，記述統計量を出力します。この記述統計量を出すことを統計的記述ということがあります。

一方，今回の標本の中に含まれなかったデータに対しても同じことが言えるのかどうかを判断したいと考えますが，これは母集団についての判断になります。このことは母集団での推定であり，推測統計といいます。

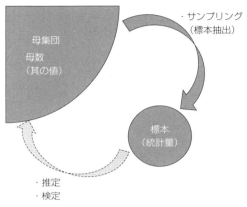

図3-2　標本と母集団

使用するデータは今回の分析でたまたま取られたデータである確率変数であると考え，この確率変数を元に母集団推定を行います。

そこでまず出てくるのが**標準誤差**（Standard Error）という考え方です。標準誤差は標準偏差との関数になっており，式で表すと以下になります。

$$SE = SD / \sqrt{N}$$

この標準誤差は標本ごとの散らばりといわれ，標本を何度もとったと想定したものです。先ほどの標準偏差は標本内の散らばりといわれます。そして，この標準誤差を使って計算されるのが，**95％信頼区間**（Confidence Interval）といわれる母集団推定です。これは推測統計の1つで，母集団において95％の確率を表します。平均値の95％ CIとしてよく使われる統計量です。95％信頼区間は以下のようにして計算されます。

$$平均値 \pm 1.96 * SE$$

ここで出てくる±1.96は，標準正規分布の95％信頼区間になります。このようにして，母集団の分布状態である正規分布の95％区間の値を元にして，今回の平均値と標準誤差から計算されます。

◉ **95％信頼区間をSPSS Statisticsで出力する場合には，探索的分析を使用**

「分析＞記述統計＞探索的」を選択し，右側の従属変数ボックスにスケール変数を投入し，実行ボタンをクリックします（⑨）。

⑨ 探索的分析ダイアログボックス

そこで出力された平均値の右側に標準誤差が出力され，下に95％信頼区間が出力されています（⑩）。

記述統計

			統計量	標準誤差
Q04 ひとり暮らしの年数	平均値		19.49	.241
	平均値の 95% 信頼区間	下限	19.01	
		上限	19.96	
	5%トリム平均		18.51	
	中央値		15.00	
	分散		221.442	
	標準偏差		14.881	
	最小値		1	
	最大値		78	
	範囲		77	
	4分位範囲		22	
	歪度		.890	.040
	尖度		-.006	.079

⑩ 探索的分析の出力：記述統計

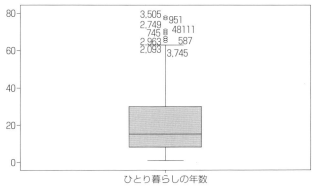

図3-3　箱ひげ図

　また，この出力テーブルと同時に箱ひげ図（データの分布状況を示すグラフ）
が表示されます。箱ひげ図は，カテゴリ間で量的データの中心傾向と中心から
の散らばりを比較します。ここではひとり暮らしの年数が示されてたて（縦）
軸で表されます。箱の幅は四分位範囲（IQR）を示しており，真ん中の50％の
人がその箱の中に含まれます。この幅は，上のテーブル出力でIQRに表示され
ている幅と一致します。箱の中のラインは50％タイル値で中央値になります。
このことから箱は，下から25％タイル値，50％タイル値，75％タイル値を示し
ています。また上下に伸びているひげの長さは，箱の幅の1.5倍以内の範囲内
でデータに存在する最大値と最小値を示しています。それよりも上の1.5倍以
上3倍以内で示される○は外れ値を示し，3倍以上については＊で表示され極
値になります。外れ値と極値のそれぞれのマークの横に示される値はケース番
号になります。

5　質と質のデータ関係：グループの割合を比較

　次に，2つの変数間の関係性をみることにします。2つの変数間の関係をみ
るには，データの型を使って分類します。

● 質的データ間の関係をみるには，クロス集計表を使用

　ここでは男女間での比較を行うことにし，買物の方法についてみます。

　「分析＞記述統計＞クロス集計表」を選択します（⑪）。経済状態の感じ方を
2値データにしたものと，将来の不安について尋ねた内容を2値データにした
もので比較します。

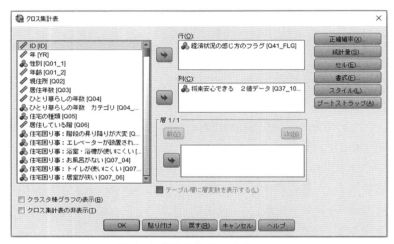

⑪ クロス集計表ダイアログボックス

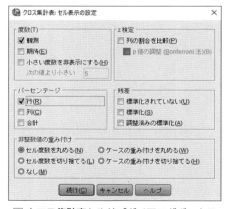

⑫ クロス集計表セルサブダイアログボックス

◉ パーセンテージの表示を行う

このままでは件数しか表示されないので，パーセンテージ（％）の表示を行います。セルボタンをクリックし，パーセンテージ枠内にある行を選択します。これで行ごとに100％表記されるようになります（⑬）。多くの場合にいえることですが，カテゴリーごとに件数が違うので，このような％の表記を行うのです。今回は行％を表示させて，経済状況の感じ方で「将来が安心できるかどうか」を比較してみます。

経済状況の感じ方 と 将来安心できるデータ のクロス表

			将来安心できる		合計
			はい	いいえ	
経済状況の感じ方	生活するには問題ない	度数	917	1675	2592
		経済状況の感じ方 の %	35.4%	64.6%	100.0%
	経済的に苦しい	度数	59	719	778
		経済状況の感じ方 の %	7.6%	92.4%	100.0%
合計		度数	976	2394	3370
		経済状況の感じ方 の %	29.0%	71.0%	100.0%

⑬ 経済状況ごとの「将来安心できるかどうか」のクロス表

出力結果から将来安心できると答えた"はい"のカテゴリーに注目します。件数ではなく％で比較を行います。件数で比較をすると，データでは「生活するには問題ない」の回答が多くなってしまいます。そこで割合で比較すると，「生活するには問題ない」としたグループにおいて「将来は安心できる」とした割合が35.4％に対して，「経済的に苦しい」としたグループでは7.6％しかありません。全体でみると「将来は安心できる」とした割合は29％ですので，経済的に苦しいとしたグループではかなり低いことがわかります。

◉ 有意な差かどうかを検定：カイ2乗検定

次に，この経済状況での差が標本内での差だけではなく，母集団においても差があるといえるか，つまり有意な差といえるかどうかの検定を行います。その検定が，**独立性の検定**（カイ2乗検定）になります。

ダノアログリコールボタンをクリックし，クロス集計表を選択します（⑭）。

　設定された変数はそのままで，統計量のボタンをクリックします。統計量の
サブダイアログボックスで，カイ２乗にチェックを入れ実行します。

ダイアログリコールボタン

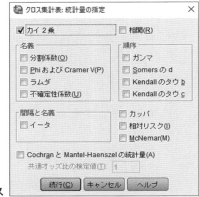

⑭ クロス集計表：
　　統計量サブダイアログボックス

カイ 2 乗検定

	値	自由度	漸近有意確率 (両側)	正確な有意確率 (両側)	正確有意確率 (片側)
Pearson のカイ 2 乗	224.693[a]	1	.000		
連続修正[b]	223.344	1	.000		
尤度比	270.086	1	.000		
Fisher の直接法				.000	.000
線型と線型による連関	224.626	1	.000		
有効なケースの数	3370				

a. 0 セル (0.0%) は期待度数が 5 未満です。最小期待度数は 225.32 です。

b. 2x2 表に対してのみ計算

⑮ カイ 2 乗検定

　カイ２乗検定の結果から，基本的にPearsonのカイ２乗の行を見ます（⑮）。
カイ２乗の値から自由度をもとに有意確率（漸近有意確率）が計算されます。
このような有意確率が計算された場合には，帰無仮説に対しての検定が行われ
ています。帰無仮説は有意な差がないということですが，ここでは独立性の検
定を行っているので，行変数と列変数が独立に存在するというのが帰無仮説に
なります。以下に帰無仮説と対立仮説を書いておきます。

　　H_0：行変数と列変数は互いに独立である

　　H_1：行変数と列変数は互いに独立であるとはいえない

	男性	女性	合計
はい	10	20	30
いいえ	15	10	20
どちらでもない	15	30	45
合計	40	60	100

図3-4-①　クロス集計表

	男性	女性	合計
はい	10	20	30 (30%)
いいえ	15	10	20 (25%)
どちらでもない	15	30	45 (45%)
合計	40 (40%)	60 (60%)	100

図3-4-②　クロス集計表：周辺確率

	男性	女性	合計
はい	10 12	20 18	30 (30%)
いいえ	15 10	10 15	20 (25%)
どちらでもない	15 18	30 27	45 (45%)
合計	40 (40%)	60 (60%)	100

上段：観測度数
下段：期待度数
期待度数の計算
行合計%× 列合計%× 合計数

図3-4-③　クロス集計表：観測度数と期待度数

　つまり，今回の結果では，帰無仮説が経済状況の感じ方と将来安心できるか
どうかについて，それぞれの変数が独立に存在するという帰無仮説を棄却する
ことになります。基本的には，5％（.05）以上であれば帰無仮説を採択しま
す。また，今回の2行2列のクロス集計表では連続修正やFisherの直接法が出
力されます。これは2行2列のクロス集計表の場合だけで，こちらの結果を判
断の基準に使います。特にFisherの直接法（正確確率検定）の結果から，2つの
変数間には関係がないとはいえない，つまり何らかの関係があることを示して
いると判断します。

　また，出力結果下の欄に，「0セル（0.0%）は期待度数が5未満です。最小
期待度数は225.32です。」と出力されています。この出力にも注目して，最初
の割合0.0%が20%以上である場合，最小期待度数の値が1未満のときはクロ
ス集計表自体に偏りがあり，正確なカイ2乗検定ができないといわれていま
す。もし，そのような偏ったデータの場合には，正確確率検定が必要となりま

す。ここでは前者は20％を下まわっており，後者も1を十分に上まわっているので，問題はありません（この期待度数については，次に説明します）。

　ここで，カイ2乗検定がどのように計算されているのかを説明します。

$$カイ2乗値 = \sum \left(\frac{\left(観測度数 - 期待度数\right)^2}{期待度数} \right)$$

　カイ2乗値は，行変数と列変数のそれぞれの周辺確率から計算されます。周辺確率とは，行と列のそれぞれの割合のことで，全体の件数と比較した割合になります。また，各セルの行％と列％からそれぞれの組み合わせの割合を掛け合わせて計算されたものが期待度数になります。この期待度数は，帰無仮説の期待される度数で，行変数と列変数が互いに独立に存在する場合に期待される度数となります。この期待度数が今回の観測度数に差があるかどうかの検定をするのがカイ2乗検定になります。

　それぞれの組み合わせは，今回のクロス表では4つのセルになります。各セルの観測度数と期待度数との差を計算し，2乗したものを，期待度数で割ります。その値を4つのセルで足し合わせるとカイ2乗値が計算されます。それで今回のクロス集計表全体での差が計算され，観測度数と期待度数との差が大きいとき，つまりカイ2乗値が大きい場合に，自由度をもとにした有意確率がカイ2乗分布から計算されます。その有意確率が十分に小さい場合，5％（.05）以下の場合，期待度数との差がないとは言えなくなり，母集団において差がある，つまり有意な差があると判断します。このような考え方がカイ2乗検定になります。

　また今回の検定は，2行2列のクロス集計表です。このような2行2列のクロス集計表の場合には，カイ2乗分布に従わなくなると言われているため，正確確率検定（Exact Tests）が必要となります。その結果，右側には正確な有意確率という出力が表示されます。これは，2行2列のクロス集計表だけに出力されますので，今回の結果を判断するには，正確有意確率をみて判断します。また片側と両側がありますが，独立かどうかの判断は両側でします。方向を見る場合は片側を使います。

　以上の結果から，経済状況の感じ方と将来安心については，母集団において独立ではない，つまり何らかの関連があると判断します。今回の結果から，母

集団においても，経済的に苦しいと回答した方が将来安心できるかどうかにい
いえと回答しやすい傾向があると言えます。

◉ クロス集計表をグラフで表示する

カテゴリーごとのグループ間の比較の場合，クラ
スタ棒グラフを使用します。以下に手順を表示しま
す。

メインメニューのグラフを選択します。次にレガ
シーダイアログを選択し，棒を選択します。次の
ウィンドウではクラスタを選択し（⑯），定義ボタ
ンをクリックします。

⑯ **棒グラフの種類図**

⑰ **クラスタ棒グラフの設定**

⑰の棒の表現内容では，ケースの％を選択します。カテゴリー軸には将来安
心できるかどうかの変数を設定し，これが横軸になります。さらに経済状況の

感じ方のフラグ変数で分けることで，将来安心できるかどうか（はい・いいえ）で経済状況の比較を行います。このカテゴリー間の差がクロス集計表での％の差である28％の差となります。

　以上の設定で実行すれば，⑱で示すように縦軸が％の表示になり，カテゴリ間で28％の差があることがわかります。

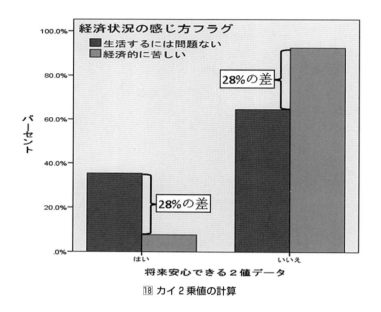

⑱ カイ 2 乗値の計算

6　量と量のデータ関係：連続データの関係

　次に，量的データと量的データの関係をみます。相関係数は，分散と共分散から計算され，式は以下のようになります。

$$相関係数：r = \frac{\sum (x-\bar{x})(y-\bar{y})}{\sqrt{\sum (x-\bar{x})^2 * \sum (y-\bar{y})^2}}$$

　相関係数は量的データの関係性を示します。この式から分子は共分散で，分母は分散を掛け合わせたもののルートをとったものであることがわかります。

つまり，相関係数は分散と共分散から計算されたものになります。相関係数は
2つの変数の分散で割られているので，データの単位をもたない無名数になり
ます。そのことから相関係数（r）は，－1から＋1の範囲の値をとり，絶対
値の値で1に近づくほど線型の関係が強いと判断します。逆に，0に近づくほ
ど線型の関係が弱いと判断します。また，符号についてみることができ，正の
相関，負の相関についてもみることができます。正の相関は，一方が上がれば
もう一方も上がる傾向にあり，負の相関は，一方が上がれば一方は下がる傾向
にあると判断します。そして，相関係数は標本内の状態を表しているのに対し
て，母集団の状態を表す相関の検定も行います。

　ここでは多重回答データがあるので，このなかで「はい」と回答したものの
個数を合計した値を連続値としてスケールデータとします。それら作成した
データについての一変量の分布状況は，⑲のようになります。

記述統計量

	度数	最小値	最大値	平均値	標準偏差
Sum_Q07 住宅困り事の合計	3749	.00	8.00	.8568	1.20011
Sum_Q15 買物方法の合計	3904	1.00	7.00	2.2446	1.16524
Sum_Q16 買物困難の合計	3547	.00	6.00	.6535	.91290
Sum_Q18 地域困事の合計	3689	.00	10.00	1.1290	1.27620
Sum_Q19 生活困事の合計	3575	.00	10.00	.6895	1.36215
Sum_Q20 相談相手の合計	3753	.00	9.00	1.4578	1.04043
Sum_Q21 利用制度の合計	3493	.00	7.00	.5646	.90066
Sum_Q27 正月の合計	3838	.00	4.00	.8286	.72399
Sum_Q29 連絡相手の合計	3790	.00	7.00	2.0174	1.16300
Sum_Q30 震災困難の合計	3762	.00	10.00	1.4981	1.42792
Sum_Q35_1 社会会話の合計	3545	.00	7.00	.7752	1.03137
Sum_Q36 情報源の合計	3748	1.00	11.00	2.3314	1.45683
有効なケースの数 (リストごと)	2506				

⑲ 合計点の記述統計量

　これら2つの変数間の関係を相関係数で示し，また母集団においても相関関
係にあるかどうかの検定も同時に行うことができます。

◉ 相関係数を出力する

　分析メニューから相関，2変量を選択します（⑳）。ダイアログボックスで

右側の変数ボックスに変数を投入します。

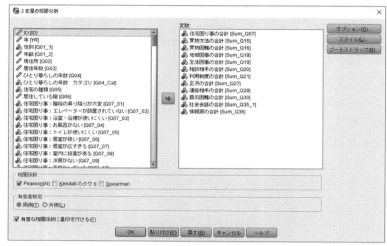

20　2変量の相関ダイアログボックス

OKボタンから実行すると，21になります。

相関

		Sum_Q07	Sum_Q15	Sum_Q16	Sum_Q18	Sum_Q19
Sum_Q07 住宅困り事の合計	Pearson の相関係数	1	.015	.293**	.371**	.326**
	有意確率 (両側)		.366	.000	.000	.000
	度数	3749	3715	3422	3552	3440
Sum_Q15 買物方法の合計	Pearson の相関係数	.015	1	.087**	.083**	.024
	有意確率 (両側)	.366		.000	.000	.158
	度数	3715	3904	3538	3660	3545
Sum_Q16 買物困難の合計	Pearson の相関係数	.293**	.087**	1	.474**	.453**
	有意確率 (両側)	.000	.000		.000	.000
	度数	3422	3538	3547	3390	3312
Sum_Q18 地域困事の合計	Pearson の相関係数	.371**	.083**	.474**	1	.410**
	有意確率 (両側)	.000	.000	.000		.000
	度数	3552	3660	3390	3689	3454

21　意識の変数間の相関係数 (一部)

　例えばこの出力結果で，Sum_Q07住宅困り事の合計とSum_Q18地域困事の合計の相関係数は0.371で，有意確率は0.000です。また，これら2つの組み合わせの件数は3552件であることがわかります。このことからこれら2つの変数は正の相関があり，有意であることがわかります。ここでの帰無仮説は，母集

団において相関がゼロであるというものです。

　　H$_0$：母集団において相関係数はゼロである

　　H$_1$：母集団において相関係数はゼロではない（ゼロであるとは言えない）

　このことから，帰無仮説は棄却され母集団においても相関があることになります。逆に，Sum_Q07住宅困り事の合計とSum_Q15買物方法の合計の相関係数は0.015で，有意確率は0.366です。相関係数は 0 に近い値で，標本内ではほぼ線型の関係ではないことがわかり，有意確率は0.05よりも高いので，帰無仮説を採択することになります。その結果から母集団において相関係数はゼロであると判断することになります。[*]

　　　＊　相関係数は分散と共分散から計算，つまり標本内のデータから計算されます。また検定では，標本のケース数を反映した結果となります。よって，ある程度の相関係数が出たとしても，標本数が少ない場合に帰無仮説が採択されることがあります。これは，検定が標本数の影響を受けるからです。逆に，標本数が多い場合には，相関係数が低い値でも帰無仮説が棄却され相関係数はゼロではないという結果になります。これはすべての検定にいえることで，検定は標本数に影響を受けるということです。

● 量的データ間の関係をグラフで表示する

　量的データ間の関係は散布図（Scatter Plot）で表します。以下に手順を表示します。

　メインメニューのグラフを選択します。次に，レガシーダイアログを選択し，散布図／ドットを選択します。22が表示され，単純な散布を選択し，定義ボタンをクリックします。

22 散布図の種類を選択

　23が表示され，そこで，Y軸とX軸に変数を投入します。23のOKボタンをクリックし，実行します。

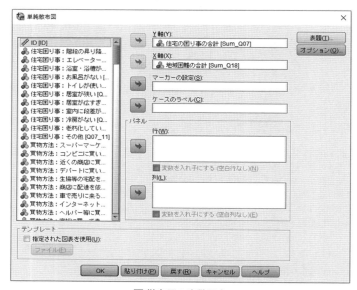

23 散布図の変数設定

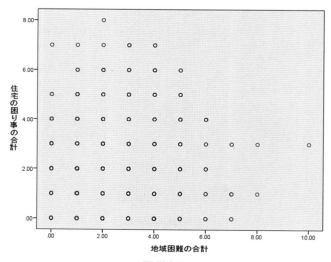

24 散布図

　散布図[24]が実行されますが，今回のデータでは量的データに十分に散らばりがないので，重なっていないように表示されます。

　また散布図を表示した場合には，回帰直線もあわせて描くことが多いので，実行してみましょう。散布図上でダブルクリックします。図表エディタウィンドウが表示されたら（[25]），ツールバーの合計での線の当てはめボタンをクリックします（または，要素メニューから合計での線のあてはめを選択します）。以上の操作で，散布図上に回帰直線が表示されます（[26]）。

[25] 合計での線のあてはめボタン

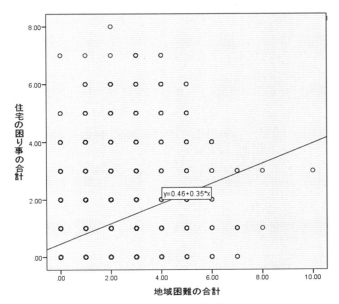

[26] 散布図上に回帰直線の表示

7　質と量のデータ関係：グループごとの連続データの比較

　今度は，質的データと量的データの関係をみます。質的データのグループに
おける量的データの統計量である平均値の比較の分析です。例えば，男女間の
比較を行ってみましょう。この場合，2グループ間の差の検定ですので，t検
定になります。またデータは独立した男女ですので，独立したサンプルのt検
定といわれる分析手法になります。独立したサンプルのt検定を行う前に，標
本内の差の比較を行うため，以前に行った探索的分析を実行します。

● 探索的分析を実行する

　先ほどの探索的分析では，スケールデータを従属変数のボックスに入れただ
けでしたが，グループ間での比較ですので，因子ボックスも使用します。
　「分析＞記述統計＞探索的」を選択し，右側の従属変数ボックスにスケール
変数を投入し，性別の変数を因子のボックスに投入して，実行ボタンをクリッ
クします。
　出力結果には，因子に投入した変数のカテゴリーごとに統計量が出力されま
す。そこで，この出力結果からグループごとの差をみていく場合に，スケール
データの統計量の比較で，平均値の比較を行います。また各グループ間での統

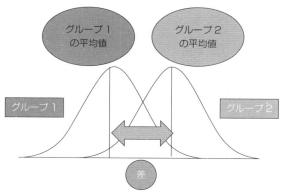

図3-5　2グループ間の分布の比較

計量の比較として散らばりの測度で代表的な標準偏差の比較も行います。平均
値の比較では，グループ間に差があるかどうかを確認し，標準偏差の値では，
グループ間での散らばりが等しいか等分散性を確認します。

　今回の分析で行ったような，カテゴリーごとのスケールデータの比較の場合
に，箱ひげ図を使います。箱ひげ図ではカテゴリーごとに分布の中心を比較
し，分布の中心からの散らばりを比較するため箱の幅を比較します。以上の2
つの点から，中心傾向の測度と散らばりの測度の比較を行います。

◉　t 検定を行う

　次に，検定を行います。今回は，独立したサンプルの t 検定ですので，以下
のように設定を行います。

　「分析＞平均の比較＞独立したサンプルの t 検定」を選択します。検定変数
ボックス（27）にスケールデータを投入し，グループ化変数のボックスに性別
を投入し，グループの定義ボタンをクリックし，グループ値を設定します。以
上の設定で，実行ボタンをクリックします。

27 独立サンプルの t 検定ダイアログボックス

　以上の設定から出力された結果を確認します。

　最初に出力されたグループ統計量の結果は，標本内での比較なので，先ほど
の探索的分析の結果と同じです。この統計量を使って，平均値の比較を行って
います。

　次の独立サンプルの検定で，平均値の差の検定を行っています。この出力を左側から確認していきます。まず従属変数が表示され，等分散を仮定する。等分散を仮定しないと表示されていますが，このことを判断するため等分散性の検定を行っています。等分散性の検定はLevene検定ですが，この検定は正規性に強く依存しないという特徴があります。この検定では，グループ間においての分散が等しい，つまりグループ間において分散が等しいという帰無仮説を検定しています。

　　H_0：各グループにおいて分散は等しい

　　H_1：各グループにおいて分散は等しいとはいえない

　この検定の結果から，その右側に出力されている2つの母平均の差の検定において，等分散を仮定する上の行を見るか，等分散を仮定しない下の行を見るかを判断します。ここでは，等分散性の検定結果から帰無仮説は棄却され等分散性が満たされていないことになっていますので，等分散性が仮定されていない下の行を見ることにします。

　t値と自由度から有意確率を計算しています。この検定の帰無仮説は，2つの母集団においての平均値の差の検定で，差がないことが帰無仮説になります。

　　H_0：母集団において平均値には差がない

　　H_1：母集団において平均値には差がないとは言えない

　ここでは，5％水準で有意となっています（㉙）。つまり，母集団では差がある（差がないとは言えない）ことになります。この差は，平均値の差の列において表示されています。これが今回の標本内での平均値の差になります。この差をその右側列の差の標準誤差で割って出力されたものがt値になります。当然このt値が大きくなるためには，平均値の差が大きい方がよく，平均値の差が大きければt値が大きくなり，t分布から得られる有意確率は小さくなって，有意になりやすいという結果となります。また一番右側には差の95％信頼区間が表示されており，有意な差がない場合には，95％信頼区間には0が含まれる結果となります。今回の場合は有意な差があるので，95％信頼区間には0は含まれていません。つまり，グループ間の差は95％の確率で0ではないということになります。

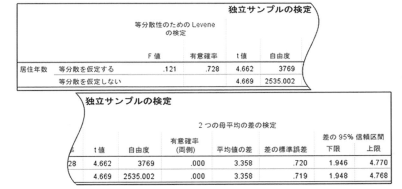

グループ統計量

	正月：ひとりで過ごした	度数	平均値	標準偏差	平均値の標準誤差
居住年数	0	2510	39.09	20.900	.417
	1	1261	35.73	20.799	.586

28　2グループ間の統計量の比較

独立サンプルの検定

		等分散性のための Levene の検定		t値	自由度
		F値	有意確率		
居住年数	等分散を仮定する	.121	.728	4.662	3769
	等分散を仮定しない			4.669	2535.002

独立サンプルの検定

2つの母平均の差の検定

	t値	自由度	有意確率 (両側)	平均値の差	差の標準誤差	差の95% 信頼区間 下限	上限
28	4.662	3769	.000	3.358	.720	1.946	4.770
	4.669	2535.002	.000	3.358	.719	1.948	4.768

29　2グループ間の母平均の差の検定

　正月に子どもと過ごしたグループと子どもと過ごさなかったグループでひとり暮らしの年数を比較すると，子どもと過ごしたグループの方が3年半弱長いことがわかります。このことが，有意な差であるといえるかどうかは，等分散の仮定は満たしており，母平均の差の検定では有意な差があるということになります。差の95%信頼区間では，-4.863～-2.111年の差があるということになります。2年から5年弱の差があるということになります。

● 質と量のデータ関係をグラフで表示する

　質的データと量的データ間の関係を示す，グラフ表示について説明します。1変量の要約でも使用した探索的分析を使用することで，カテゴリー間の関係を表示することができます。

　分析メニューから記述統計，探索的を選択します。従属変数に量的データを入れ，因子にカテゴリー変数を投入します（30）。

30 探索的分析の設定

以上で, 分析を実行します。

記述統計

	Q27_8 正月：ひとりで過ごした		統計量	標準誤差
Q03 居住年数	0	平均値	39.09	.417
		平均値の 95% 信頼区間　下限	38.27	
		上限	39.91	
		5% トリム平均	38.74	
		中央値	40.00	
		分散	436.827	
		標準偏差	20.900	
		最小値	1	
		最大値	93	
		範囲	92	
		4分位範囲	30	
		歪度	.022	.049
		尖度	-.687	.098
	1	平均値	35.73	.586
		平均値の 95% 信頼区間　下限	34.58	
		上限	36.88	
		5% トリム平均	35.00	
		中央値	36.00	
		分散	432.611	
		標準偏差	20.799	
		最小値	1	
		最大値	92	
		範囲	91	
		4分位範囲	32	
		歪度	.287	.069
		尖度	-.512	.138

31 探索的分析：記述統計

探索的分析の出力結果から, 記述統計量の比較を行います。31の出力から出力結果を編集します。

探索的分析の記述統計テーブルの上でダブルクリックし, 編集を行います。ピボットトレイが表示されたら（32）, 行にある変数を列へとクリック＆ドラッグで列の統計タ

イプの下へと移動します。以上の作業で，カテゴリーごとの統計量が列ごとに表示され比較しやすくなります（大きなテーブルの場合は，ピボットテーブルが表示されます。また，編集可能な状態からピボットトレイが表示されなかったら，編集可能な状態からピボットメニューをクリックし，ピボットトレイを選択します。）。

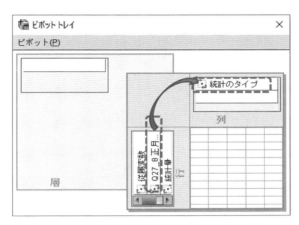

㉜ ピボットトレイで編集

　以上で編集ができたら，テーブルの枠外でクリックし，編集可能な状態を解除します（㉝）（ピボットトレイで編集した場合には，ピボットトレイの右上の閉じるボタンをクリックし，ピボットトレイを閉じます。）。

記述統計

			統計量		標準誤差	
			Q27_8 正月：ひとりで過ごした		Q27_8 正月：ひとりで過ごした	
			0	1	0	1
Q03 居住年数	平均値		39.09	35.73	.417	.586
	平均値の 95% 信頼区間	下限	38.27	34.58		
		上限	39.91	36.88		
	5%トリム平均		38.74	35.00		
	中央値		40.00	36.00		
	分散		436.827	432.611		
	標準偏差		20.900	20.799		
	最小値		1	1		
	最大値		93	92		
	範囲		92	91		
	4分位範囲		30	32		
	歪度		.022	.287	.049	.069
	尖度		-.687	-.512	.098	.138

㉝ 編集後の記述統計

　また，出力結果を下へと移動すると箱ひげ図が出力されています（34）。

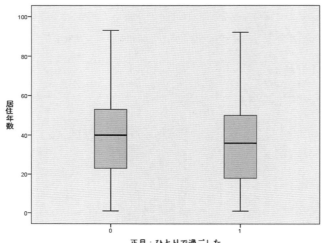

34 箱ひげ図

　箱ひげ図は，縦軸が量的データを示し，横軸がカテゴリーデータを示します。ここでは，居住年数と正月をひとりで過ごしたかどうかのグラフになります（34）。箱の幅が四分位範囲（IQR）を示し，真ん中の50％の人の散らばりを示します。また，箱の中のラインは50％タイル値（中央値）を示します。つまり，箱の下から25％タイル値，箱の中のライン50％タイル値，箱の上部75％タイル値になります。また，上下のひげは箱の端から箱の幅の1.5倍以内での最大値と最小値を示します。

　以上のことから，カテゴリー間で真ん中の50％の散らばりを箱の幅で比較し，等分散を確認します。また中央値のラインで水平に線を引き，カテゴリー間で中心傾向の測度である中央値に差があるかどうかを比較します。箱の幅はほぼ同じで等分散の仮定は満たしていそうで，中央値には若干の差がありそうに思われます。今回のデータはかなり大きなデータになるので，平均値には差が出てきた結果になったのではないかと思われます。

　次に，エラーバーの表示を行います。エラーバーはグラフになりますので，グラフメニューからレガシーダイアログ，エラーバーと選択します。

　エラーバーを選択すると，35が表示されます。ここでは単純のグループごとの集計の状態で，定義ボタンをクリックします。

35 エラーバーの選択

36 単純エラーバーのグループごとの集計

　変数ボックスにはスケールデータを，カテゴリ軸にはカテゴリーデータを投入します（㊱）。バーの表現内容は平均値の信頼区間で水準は95％で実行しますが，変更するのであれば，プルダウンのボタンから標準誤差や標準偏差へと変更も可能です。

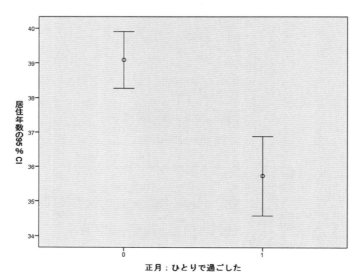

㊲ 正月をひとりで過ごしたかどうか（0.1）居住年数の平均値の95% CI

　先ほどの箱ひげ図と同じように，縦軸は居住年数の95％ CI（Confidence Interval）で，横軸はカテゴリーになります（㊲）。上下のバーが95％信頼区間を示し，中の丸が平均値の値になります。この２つのバーには重なり合うところがないので，母集団において各カテゴリーの95％の確率で平均値が入る範囲には差があると思われます。この結果は，先ほどの独立サンプルのt検定の結果と一致します。

8　まとめ

　以上の分析設定について，まとめておきます。１変量の手続き（**表3-3**）と２変量の関係性の調査において使われる分析手続き（**表3-4**）です。

表3-3　1変量の分析手続き

カテゴリーデータ（質的データ）	スケールデータ（量的データ）
記述統計 度数分布表	記述統計 度数分布表 探索的分析

表3-4　2変量の分析手続き

2変量	標本（記述統計）	母集団（検定）
質と質	クロス集計表（パーセントの比較） クラスタ棒グラフ	カイ2乗検定
量と量	相関係数 散布図	相関の検定
質と量	探索的分析 箱ひげ図／エラーバー	平均値の差の検定 t検定・ANOVA（分散分析）

多変量解析⑴：変数間の関係式（モデル式）

▶意識調査の関係性の調査：モデル式の作成

　この章では，変数間の関係からモデル式を作成する手法を説明します。ここでも分析の手法の紹介と結果の解釈の仕方を中心にみます。分析では多くの出力結果が出ますが，分析の結果の解釈を行うことが目的ですので，その点を踏まえて結果をメインに見ていきます。

1　複数間のデータの関係：相関係数から線型回帰へ

　ここでは，多変量解析を取り上げます。これまで量的関係性の調査を行ってきましたが，この分析をさらに発展させたものが線型回帰になります。2変数の関係から3変数への多変量への応用となります。3次元以上の関係は図で表すことが難しいので，モデル式で書くことになります。モデル式を作って，モデル式の解釈を行うことで3つ以上の関係を解釈します。

　例えば，第3章の因子分析の結果から保存した，因子得点と多重回答の合計値との関係を見てみましょう。不安やストレスの因子と合計値との相関係数を示します（ 1 ）。

　上の結果から，例えばFAC4_1不安やストレスの因子とSum_Q07住宅困り事は，負の相関で有意であることがわかります。住宅の困り事が多くなるほど不安やストレスの因子に悪い影響（マイナスの値になる）の傾向にあることがわかります。同様に，買い物が困難であるとか，地域の困難，生活の困難，利用している制度や震災での困難についても，高く（多く）なるほど不安やストレスに悪い影響があることが，また，正月に少ない人数でいるとか，少ない連絡相手や社会会話が少なくなるほど不安やストレスに悪い影響を与えるマイナスの傾向があることもわかります。

相関

Pearson の相関係数

	FAC4_1 不安やストレス	Sum_Q07 住宅困り事	Sum_Q15 買物方法	Sum_Q16 買物困難
FAC4_1 不安やストレス	1	.316**	-.017	.267**
Sum_Q07 住宅困り事	.316**	1	.037	.314**
Sum_Q15 買物方法	-.017	.037	1	.088**
Sum_Q16 買物困難	.267**	.314**	.088**	1
Sum_Q18 地域困事	.295**	.394**	.088**	.486**
Sum_Q19 生活困事	.326**	.316**	.053*	.452**
Sum_Q20 相談相手	-.024	.030	.155**	.068**
Sum_Q21 利用制度	.104**	.100**	.040	.224**
Sum_Q27 正月	-.168**	-.068*	.079*	-.086**
Sum_Q29 連絡相手	-.084**	-.026	.178**	-.034
Sum_Q30 震災困難	.283**	.258**	.071**	.295**
Sum_Q35_1 社会会話	-.099**	.016	.032	-.013
Sum_Q36 情報源	-.040	.058**	.223**	.021

**. 相関係数は 1 % 水準で有意 (両側) です。
*. 相関係数は 5 % 水準で有意 (両側) です。

1 不安やストレスの因子得点と多重回答の合計値との相関係数

　そこで，不安やストレスと相関係数の高かった生活困事との関係を散布図で
表してみます (23)。

2 散布図のダイアログボックス

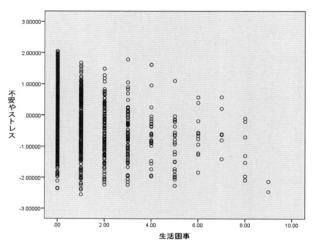

③ 出力された散布図

　散布図上に回帰直線を描かせます。

　負の相関になっていたので，散布図上に表示された回帰直線は右下がりの直線になります（④）。

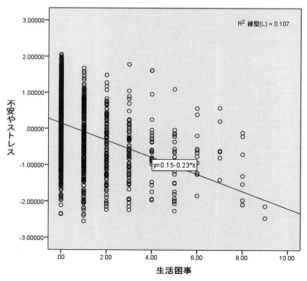

④ 散布図に回帰直線を挿入

　それでは，次に回帰直線をモデル式で表現してみます。

2　複数間のデータの関係：線型回帰

◉ モデル式を作成する

　ここでは，先ほどの散布図の関係からモデル式を作成します。

　「分析＞回帰＞線型」を選択します。従属変数ボックスに，FAC4_1の変数である不安やストレス変数を投入し，下のボックスには生活困事の変数を投入し，実行ボタンをクリックします（⑤）。

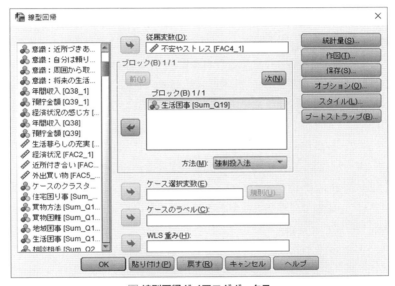

⑤ 線型回帰ダイアログボックス

　以上の設定で出た出力結果から４つのテーブル——上からモデルの設定，モデルの要約，モデル式全体の検定（分散分析），モデル式の係数——が出力されます。最初のテーブルは，どのような設定を行ったかのみの出力ですので，その次のモデルの要約から見ることにします。

　モデルの要約では，モデルの全体の説明力を示すR 2乗（決定係数）が表示さ

れます。この決定係数は 0 から 1 の範囲で出力され，1 に近いほど説明力が高いと判断します（⑥）。

モデルの要約

モデル	R	R2 乗	調整済み R2 乗	推定値の標準誤差
1	.327[a]	.107	.107	.83640156

a. 予測値: (定数)、Sum_Q19 生活困事。

⑥ モデルの要約

　今回は，0.107 と低い説明力になります。R 2 乗は左隣りの R を 2 乗したものです。その R は重相関係数といわれ，従属変数と独立変数のセットの相関になります。今回は，独立変数が 1 つしかない単回帰ですので，相関係数と同じものになります。また，R 2 乗には独立変数を投入すると値が高くなるという欠点があるので，重回帰分析では，自由度修正済みの調整済み R 2 乗を見ます。今回は単回帰で独立変数が 1 つですので，ほとんど値は変わりません。

　次に，モデル式全体の検定ですが，モデル式が役に立たないことを検定します（⑦）。ここで分散分析と書いているのは，線型回帰は一般線型モデルの 1 つですので，一般線型モデルの 1 つである分散分析と出力されています。そこで，モデル式，つまり回帰モデルの平方和，分散が残差の分散と比較して，十分に大きな F 値になっているかという検定を行います。1 よりも十分に高い F 値になっているので，有意な差があるということになり，モデル式は役に立つと判断します。

分散分析[a]

モデル		平方和	自由度	平均平方	F 値	有意確率
1	回帰	168.050	1	168.050	240.220	.000[b]
	残差	1400.534	2002	.700		
	合計	1568.585	2003			

⑦ 分散分析

そして最後の出力結果であるモデル式の係数になります（⑧）。

$$Y = \alpha + \beta * X$$

係数^a

モデル		非標準化係数		標準化係数	t値	有意確率
		B	標準誤差	ベータ		
1	(定数)	.147	.021		7.153	.000
	Sum_Q19 生活困事	-.234	.015	-.327	-15.499	.000

⑧ モデル式の係数

　今回のモデル式は，0.147の定数項と－0.234の生活困事の変数の係数がモデル式になります。このモデル式のB列の係数からそれぞれの値の誤差で割ってt値が出てきます。このt値から有意確率が計算され，係数や定数項が役に立つかどうかの検定を行います。

● **重回帰分析を行う**

　次に，重回帰分析を行います。先ほどの分析をさらに発展させて，独立変数を複数もった場合の重回帰分析を行います。この重回帰分析は２変数から３変数以上へと発展させた分析になります。

　ダイアログのリコールボタンから線型回帰を選択します。ここでは，先ほど相関係数を出力した際に，不安やストレスの変数に対して相関係数が有意であった変数を入れて，線型回帰を実行することにします。⑨に，複数の独立変数を投入した状態を表示します。

　また，統計量のボタンから回帰係数の信頼区間の95％を表示させ，記述統計量も出力させることにします（⑩）。回帰係数の信頼区間を表示させることで，モデル係数が役に立つかどうか，効果があるかどうかを判断します。また，記述統計量を出力させることで，今回使用するデータの件数の確認や，投入した変数間の相関係数も確認することができます。

9　線型回帰：複数の独立変数を投入

10　線型回帰：統計ダイアログボックス

　まず，記述統計が出力され，統計量とデータの件数が表示されます（11）。ここでは，データに欠損値が含まれるので，使用したデータの件数を確認することができます。今回の回帰分析で使用されたケースは1673件になります。また，使用されるデータの統計量を確認できるので，データの分布状況や単位も確認することができます。

記述統計

	平均値	標準偏差	度数
FAC4_1 不安やストレス	.0156993	.88988960	1673
Sum_Q07 住宅困り事	.7454	1.11039	1673
Sum_Q16 買物困難	.5726	.89303	1673
Sum_Q18 地域困事	1.0663	1.25933	1673
Sum_Q19 生活困事	.5792	1.24503	1673
Sum_Q21 利用制度	.4919	.85495	1673
Sum_Q27 正月	.8918	.76458	1673
Sum_Q29 連絡相手	2.1548	1.17411	1673
Sum_Q30 震災困難	1.5481	1.43986	1673
Sum_Q35_1 社会会話	.8840	1.10607	1673

⑪ 線型回帰：記述統計

　次に，投入した変数の相関係数が出力されます（⑫）。ここでも，今回使用されるデータの欠損値を除外したデータの相関係数を確認することができます。ここで，従属変数への相関係数を確認し，どの独立変数が相関係数での絶対値が高いかを確認します。また，符号も確認し，この後出力されるモデル係数の符号と同じかどうかを確認します。もし符号が同じでなければ，独立変数間に強い関係性があるものと思われます。独立変数間に強い相関がある場合，多重共線性の影響で符号が逆につくことがあるかもしれません。そこで，独立変数間の相関も確認し，相関係数が絶対値で0.8以上であれば多重共線性の影響があることを疑い，絶対値が0.9以上の場合には，多重共線性の影響によりモデル式がうまく出力されないので，どちらか一方の独立変数を外します。

相関

Pearson の相関

	FAC4_1 不安やストレス	Sum_Q07 住宅困り事	Sum_Q16 買物困難	Sum_Q18 地域困事	Sum_Q19 生活困事	Sum_Q21 利用制度	Sum_Q27 正月	Sum_Q29 連絡相手	Sum_Q30 震災困難	Sum_Q35_1 社会会話
FAC4_1 不安やストレス	1.000	-.315	-.276	-.308	-.329	-.103	.170	.099	-.280	.106
Sum_Q07 住宅困り事	-.315	1.000	.313	.398	.322	.104	-.049	-.043	.273	.019
Sum_Q16 買物困難	-.276	.313	1.000	.490	.453	.208	-.089	-.035	.299	-.004
Sum_Q18 地域困事	-.308	.398	.490	1.000	.408	.161	-.039	.032	.445	.110
Sum_Q19 生活困事	-.329	.322	.453	.408	1.000	.332	-.075	-.050	.258	-.022
Sum_Q21 利用制度	-.103	.104	.208	.161	.332	1.000	-.037	.046	.105	.090
Sum_Q27 正月	.170	-.049	-.089	-.039	-.075	-.037	1.000	.312	-.016	.137
Sum_Q29 連絡相手	.099	-.043	-.035	.032	-.050	.046	.312	1.000	.096	.216
Sum_Q30 震災困難	-.280	.273	.299	.445	.258	.105	-.016	.096	1.000	.118
Sum_Q35_1 社会会話	.106	.019	-.004	.110	-.022	.090	.137	.216	.118	1.000

⑫ 線型回帰：相関係数

　次に，モデルの要約統計量が出力されます（⑬）。モデルの説明力としては
それほど高くはなく，データの分散の22％ほどしか説明されていないことがわ
かります。先ほどの結果より若干上がったくらいです。

モデルの要約[b]

モデル	R	R2 乗	調整済み R2 乗	推定値の標準誤差
1	.474[a]	.225	.220	.78577259

⑬ モデルの要約

　分散分析では，モデル全体の有意検定が実行されますが，モデル式全体では
有意な結果となりました（⑭）。つまり，モデル式は今回のデータの分散を説
明していることになります。

分散分析[a]

モデル		平方和	自由度	平均平方	F 値	有意確率
1	回帰	297.262	9	33.029	53.494	.000[b]
	残差	1026.800	1663	.617		
	合計	1324.063	1672			

⑭ 分散分析

　他の独立変数を投入した結果，モデル式には複数の係数Bが表示されます
（⑮）。また先ほどの単回帰ではみませんでしたが，標準化係数が使えるように
なります。

　他の変数と比較するため，標準化係数の絶対値の大きいものから確認する
と，先ほど投入した変数が一番大きいことがわかります。ここでは，住宅困り
事，生活困事，震災困難，正月に過ごした人数，社会会話の効果が強いと思わ
れます。有意確率から，一部の変数について有意ではないことがわかります。
特に制度の利用（「利用制度」0.927）については，外した方がいいと思われます。
前の出力の相関係数では出てこなかったのですが，他の独立変数との関係があ
るのではないかと思われます。ほかにも，買物困難や連絡相手の変数では5％
水準で有意ではないことがわかります。

　また，これらの変数については，95％信頼区間にゼロが含まれることがわか
ります。これは先ほどの平均値の差の検定と同じで，係数が95％の確率でゼロ

係数^a

モデル		非標準化係数		標準化係数	t値	有意確率	Bの95.0%信頼区間	
		B	標準誤差	ベータ			下限	上限
1	(定数)	.164	.048		3.404	.001	.069	.258
	Sum_Q07 住宅困り事	-.131	.019	-.163	-6.737	.000	-.169	-.093
	Sum_Q16 買物困難	-.047	.026	-.047	-1.796	.073	-.099	.004
	Sum_Q18 地域困事	-.067	.020	-.095	-3.395	.001	-.106	-.028
	Sum_Q19 生活困事	-.118	.019	-.165	-6.248	.000	-.155	-.081
	Sum_Q21 利用制度	.002	.024	.002	.092	.927	-.045	.049
	Sum_Q27 正月	.130	.027	.112	4.869	.000	.078	.182
	Sum_Q29 連絡相手	.031	.018	.041	1.752	.080	-.004	.066
	Sum_Q30 震災困難	-.094	.015	-.151	-6.154	.000	-.123	-.064
	Sum_Q35_1 社会会話	.088	.018	.109	4.843	.000	.052	.123

15 線型回帰：係数の出力，t値，有意確率，95%信頼区間

になること，つまり独立変数は役に立たないことを意味しています。

$$Y = a + \beta_1 X_1 + \beta_2 X_2 + \cdots + \beta_n X_n$$

● 線型回帰を実行する

　次に，ステップワイズ法で線型回帰を実行してみます。そこで，どの変数が採用されるのかを確認します。ステップワイズ法での独立変数の選択は，最初の変数は従属変数と独立変数の相関を確認し，絶対値の値で相関係数が高いものを投入します。その後，投入された独立変数の影響を除いた偏相関の値で絶対値の高いものを順に投入します。

　ステップワイズ法の変更は簡単で，方法をステップワイズ法に変更するだけです。16に変更の図を表示します。

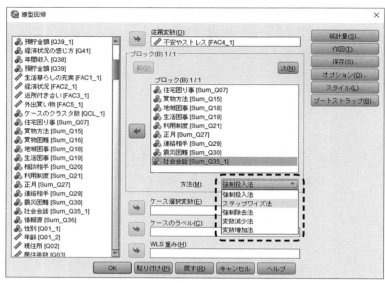

16 線型回帰：ステップワイズ法の選択

　出力結果から投入済み変数または除去された変数で，独立変数の投入ステップを確認することができます（17）。ここで生活困事が選択されたのは，従属変数の相関係数の絶対値が最も高い変数だからです。除去された変数はありません。

投入済み変数または除去された変数[a]

モデル	投入済み変数	除去された変数	方法
1	Sum_Q19 生活困事	.	ステップワイズ法 (基準: 投入する F の確率 <= .050、除去する F の確率 >= .100)。
2	Sum_Q07 住宅困り事	.	ステップワイズ法 (基準: 投入する F の確率 <= .050、除去する F の確率 >= .100)。
3	Sum_Q30 震災困難	.	ステップワイズ法 (基準: 投入する F の確率 <= .050、除去する F の確率 >= .100)。
4	Sum_Q27 正月	.	ステップワイズ法 (基準: 投入する F の確率 <= .050、除去する F の確率 >= .100)。
5	Sum_Q35_1 社会会話	.	ステップワイズ法 (基準: 投入する F の確率 <= .050、除去する F の確率 >= .100)。
6	Sum_Q18 地域困事	.	ステップワイズ法 (基準: 投入する F の確率 <= .050、除去する F の確率 >= .100)。
7	Sum_Q29 連絡相手	.	ステップワイズ法 (基準: 投入する F の確率 <= .050、除去する F の確率 >= .100)。

17 線型回帰：ステップワイズ法で選択された独立変数

　以下の出力結果については，ステップごとの変数で作成されたモデルで出力
されます。モデルの要約や分散分析，モデル式の係数とそれぞれのステップご
とに結果が出力されます。そこで，係数の出力で最終ステップを確認すると 7
つの独立変数で投入された状態になります（⑱）。

係数ª

モデル: 7

	非標準化係数 B	非標準化係数 標準誤差	標準化係数 ベータ	t 値	有意確率	B の 95.0% 信頼区間 下限	B の 95.0% 信頼区間 上限
(定数)	.138	.046		2.971	.003	.047	.229
Sum_Q19 生活困事	-.124	.017	-.175	-7.374	.000	-.158	-.091
Sum_Q07 住宅困り事	-.128	.019	-.161	-6.809	.000	-.165	-.091
Sum_Q30 震災困難	-.093	.015	-.151	-6.304	.000	-.122	-.064
Sum_Q27 正月	.133	.026	.115	5.134	.000	.082	.184
Sum_Q35_1 社会会話	.084	.017	.106	4.825	.000	.050	.119
Sum_Q18 地域困事	-.084	.018	-.118	-4.535	.000	-.120	-.047
Sum_Q29 連絡相手	.036	.017	.048	2.099	.036	.002	.070

⑱ 線型回帰：最終ステップの独立変数

　ステップワイズ法で選択された変数は，あくまでも機械的に独立変数を投入
した状態ですので，ここでは，ひとつの目安として独立変数を判断し，最終的
には分析者がどの独立変数を入れればいいのかを考えて強制投入法でモデルを
実行した結果を報告します。

3　複数間のデータの関係：ロジスティック回帰

　先ほどの例は量的データの関係でした。次に従属変数がカテゴリーデータの
場合を取り上げます。そこで，カテゴリーについても 2 値の場合の二項ロジス
ティック回帰のモデルを考えます。
　先ほど使用した意識のデータを使って，2 値データを作成します。
　「とてもそう思う」と「まあそう思う」を“1”として，それ以外を“0”
に設定し，無回答は欠損値とします（⑲⑳）。

Q37_10 意識：将来の生活は安心できる

		度数	パーセント	有効パーセント	累積パーセント
有効	1 とてもそう思う	161	4.1	4.5	4.5
	2 まあそう思う	878	22.2	24.7	29.2
	3 どちらともいえない	1290	32.7	36.3	65.5
	4 あまりそう思わない	711	18.0	20.0	85.5
	5 まったくそう思わない	516	13.1	14.5	100.0
	合計	3556	90.1	100.0	
欠損値	999 無回答	391	9.9		
合計		3947	100.0		

⑲ 度数分布表：将来の生活は安心できる

将来安心できる　2値データ

		度数	パーセント	有効パーセント	累積パーセント
有効	はい	1039	26.3	29.2	29.2
	いいえ	2517	63.8	70.8	100.0
	合計	3556	90.1	100.0	
欠損値	999	391	9.9		
合計		3947	100.0		

⑳ データ変換後の度数分布表

　この変数を従属変数（目的変数）として，2値データの予測モデルを作成します。同様に，「今のくらしには張り合いがある」，「生活は充実している」，「生活していて不安や心配がある」，「近所づきあいに満足している」，「自分は頼りにされていると思う」の変数を，「とてもそう思う」と「まあそう思う」を"1"とし，それ以外を"0"に，無回答は欠損値として設定しました。これら変数を独立変数（共変量）に投入します。ほかにも，正月をひとりで過ごした変数，フラグ変数の合計値である住宅困り事，地域困事，利用制度の合計値を投入します。

　㉑に記述統計の実行結果を表示します。

　他の変数も同様に2値データにします。これらデータを元にして，ロジスティック回帰を実行します（㉒）。

記述統計量

	度数	最小値	最大値	平均値	標準偏差
Q37_10FLG 意識FLG：将来の生活は安心できる	2109	0	1	.30	.459
Q37_01FLG 意識FLG：今のくらしには張り合いがある	2109	0	1	.59	.492
Q37_03FLG 意識FLG：生活は充実している	2109	0	1	.59	.491
Q37_04FLG 意識FLG：生活していて不安や心配がある	2109	0	1	.36	.480
Q37_07FLG 意識FLG：近所づきあいに満足している	2109	0	1	.39	.487
Q37_08FLG 意識FLG：自分は頼りにされていると思う	2109	0	1	.37	.482
Q27_8 正月：ひとりで過ごした	2089	0	1	.31	.463
Sum_Q07 住宅困り事	2062	.00	6.00	.7881	1.13614
Sum_Q18 地域困事	2050	.00	10.00	1.0971	1.26439
Sum_Q21 利用制度	1985	.00	7.00	.4932	.85199
有効なケースの数 (リストごと)	1893				

㉑ 使用する変数の記述統計

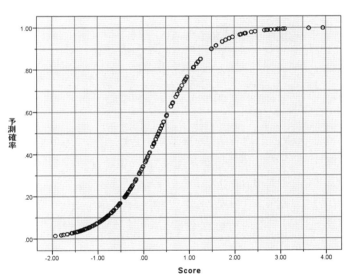

㉒ ロジスティック回帰のイメージ

● ロジスティック回帰モデルを実行する

　ロジスティック回帰モデルの設定は，次のようになります。

　「分析＞回帰＞二項ロジスティック回帰」を選択します。従属変数ボックスに「将来の生活は安心できる」の意識の変数と2値データに設定した変数を投入し，共変量ボックスに2値データに設定した意識の変数を投入します（㉓）。

オプションボタンをクリックし，95％信頼区間を選択，続行ボタンをクリック
し，実行ボタンをクリックします。

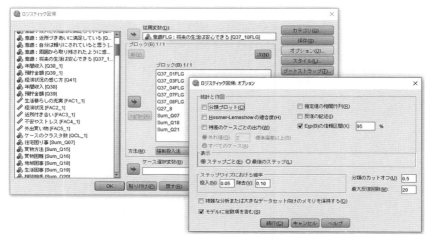

㉓ ロジスティック回帰の設定

　以上の設定で実行し，実行結果が表示されます。ここでも多くの出力結果が
表示されますが，ポイントのみをみていくことにします。ここでのポイント
は，モデル式の作成と出力されたモデルの解釈です。
　最初に出力されるのが，処理したケースの要約で表示される使用するデータ
の件数です（㉔）。ここで，今回の分析で使用するデータの件数を確認してく
ださい。

処理したケースの要約

重み付きのないケース[a]		度数	パーセント
選択されたケース	分析で使用	1893	89.8
	欠損ケース	216	10.2
	合計	2109	100.0
選択されなかったケース		0	.0
合計		2109	100.0

a. 重み付けが有効な場合には、ケースの総数について
　分類表を参照してください。

㉔ ロジスティック回帰の出力：処理したケースの要約

次に，従属変数のエンコードになります（㉕）。その出力結果では，従属変数のカテゴリーについてどの値に対しての確率値を示すかを表します。

ここでは1，つまり将来の生活は安心できるかの質問に対して，「とてもそう思う」と「まあそう思う」と回答したことに対してのモデルであることを示します。

**従属変数のエ
ンコード**

元の値	内部値
0 N	0
1 Y	1

㉕ **ロジスティック回帰の出力：
従属変数のエンコード**

この回答に対してのモデル式で，今回のモデル式まで出力結果は飛ばします。最後に出力されたテーブルが方程式中の変数の出力結果であり，モデル式となります（㉖）。

		B	標準誤差	Wald
ステップ1ª	意識FLG：今のくらしには張り合いがある	.705	.164	18.579
	意識FLG：生活は充実している	1.194	.169	49.932
	意識FLG：生活していて不安や心配がある	-.798	.137	34.115
	意識FLG：近所づきあいに満足している	.312	.117	7.119
	意識FLG：自分は頼りにされていると思う	.653	.120	29.642
	住宅困り事	-.268	.067	16.166
	地域困事	-.056	.057	.963
	震災困難	-.103	.047	4.901
	正月：ひとりで過ごした	-.310	.133	5.466
	定数	-1.901	.172	122.088

方程式中の変数

Wald	自由度	有意確率	Exp(B)	EXP(B) の 95% 信頼区間 下限	上限
18.579	1	.000	2.024	1.469	2.790
49.932	1	.000	3.301	2.370	4.598
34.115	1	.000	.450	.345	.589
7.119	1	.008	1.366	1.086	1.717
29.642	1	.000	1.921	1.519	2.430
16.166	1	.000	.765	.671	.872
.963	1	.326	.945	.845	1.058
4.901	1	.027	.902	.823	.988
5.466	1	.019	.734	.566	.951
122.088	1	.000	.149		

㉖ **ロジスティック回帰の出力：方程式中の変数**

このロジスティック回帰のモデル式は以下のようになります。

$$\ln\left(\frac{P}{1-P}\right) = a + \beta_1 x_1 + \beta_2 x_2 + \cdots + \beta_n x_n$$

このモデル式に㉖で表示されたBの列の値を定数項である a から投入し，各

共変量（独立変数）の係数βを投入します。しかし，このままでは解釈できません。というのも，この式の左辺を見れば，対数がとられていることがわかります。ですので，対数の逆関数である指数（Exponential）をとった値を使って解釈することになります。それがExp（B）の列に表示されます。また，左辺の対数がなくなった状態でもPと1－Pの比率になっているので，線型回帰と同じように，係数をそのまま解釈することができません。

　ロジスティック回帰のモデル式は，ある事象の起こる確率と起こらない確率の比率（オッズ）ですので，もしある事象の起こる確率が0.5であれば，起こらない確率も0.5となります。そうすると，分子・分母とも0.5/0.5で1となります。つまり，半々の確率であれば1となるので，この値1から離れれば役に立つと考えます。また，1よりも大きければ，ある事象の起こる確率，今回の場合は，将来は安心できると回答する確率が高くなると判断します。また，逆に1よりも低い値であれば，将来は安心できると回答しない割合が高くなっていると判断します。その際に役立つのが，Exp（B）の95％信頼区間の下限と上限です。この間に1が含まれる場合には，その共変量（独立変数）が役に立たないと判断します。また同様にWaldの統計量から自由度ともとにした有意確率が出ているので，ここで検定しているのはモデル係数が有意であるかどうかの判断ができます。この有意確率が5％以下であれば，その係数が役に立つと判断します。

　今回の結果からは，地域の困り事については，「将来の生活は安心できる」との回答とは有意ではないことになります。暮らしの張り合いや生活の充実，近所づきあいや自分が頼りにされているかといったことについては，将来への安心にプラスの効果があることがわかります。逆に，生活の不安や心配，住宅の困り事，震災の困難，正月にひとりで過ごしたかについては，将来への安心にマイナスに影響していることがわかります。また，「生活は充実している」とした質問に，「とてもそう思う」と「まあそう思う」と回答した人は，そう回答しなかった人に対して3.3倍も将来は安心できると考えています。逆に，生活していて不安や心配があると回答した人が，将来は安心と考えているのは，そう回答しなかった人に対して半分以下の割合であることがわかります。

4　各独立変数と従属変数との関係

　先ほど作成されたロジスティック回帰のモデル式では，複数の独立変数間での関係をみましたが，モデル式の確認のため，各独立変数と従属変数の関係も確認します。これから行う分析は，多変量解析前の事前調査や結果の確認のためのものです。独立変数がフラグ型データの場合，従属変数も2値なので，2×2のクロス集計表が作成できます。クロス集計表の分析手続きからオッズ比も計算することができます。

　例えば，「今のくらしには張り合いがある」の2値データの変数を使うと，27のクロス表ができます。

意識FLG：今のくらしには張り合いがある と 意識FLG：将来の生活は安心できる のクロス表

			意識FLG：将来の 生活は安心できる		
			はい	いいえ	合計
意識FLG：今のくらしに は張り合いがある	はい	度数	544	700	1244
		意識FLG：今のくらしに は張り合いがある の ％	43.7%	56.3%	100.0%
	いいえ	度数	90	775	865
		意識FLG：今のくらしに は張り合いがある の ％	10.4%	89.6%	100.0%
合計		度数	634	1475	2109
		意識FLG：今のくらしに は張り合いがある の ％	30.1%	69.9%	100.0%

27 くらしの張り合いと将来の安心のクロス集計表

　そこで，％を使って，「将来の生活は安心できる」としたそれぞれへの比率を計算します。それが相対リスクで，クロス集計表の統計量ボタンから出力することができます（28）。

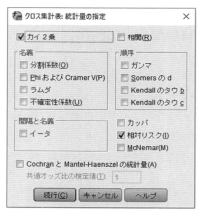

28 クロス集計表の統計量ボタン

　クロス集計表の統計量ボタンから，相対リスクにチェックを入れることで出力されます（29）。

リスク推定

	値	95% 信頼区間 下限	95% 信頼区間 上限
意識FLG：今のくらしには張り合いがある（はい／いいえ）のオッズ比	6.692	5.236	8.553
コホート 意識FLG：将来の生活は安心できる ＝ はい に対して	4.203	3.422	5.162
コホート 意識FLG：将来の生活は安心できる ＝ いいえ に対して	.628	.595	.663
有効なケースの数	2109		

29 リスク推定

　「将来の生活は安心できる」が，“はい”に対して4.203と出力されています。これは「将来の生活は安心できる」の“はい”列の割合――43.7/10.4から4.203――から計算することができます。同様に，「将来の生活は安心できる」の“いいえ”列の割合56.3/89.6から計算され0.628となります。さらに，これら比率の比率は4.203/0.628＝6.692となります。これがオッズ比であり，先ほどのロジスティック回帰式の係数になります。これが1よりも大きくなると，事象が起こる割合が高くなります。また，95% CIについても1を含まない場合には有効です。今回の場合には，「今のくらしには張り合いがある」と回答した方

が「将来の生活は安心できる」と判断することができます。また，同じように，ロジスティック回帰に１つの共変量しか入れない場合でも，同様の結果を得ることができます（30）。

方程式中の変数

		B	標準誤差	Wald	自由度	有意確率	Exp(B)	EXP(B) の 95% 信頼区間 下限	上限
ステップ1ᵃ	意識FLG：今のくらしには張り合いがある	1.901	.125	230.626	1	.000	6.692	5.236	8.553
	定数	-2.153	.111	373.799	1	.000	.116		

30 ロジスティック回帰の出力：１変量のみの共変量

それでは，なぜ先ほどのロジスティック回帰と係数が違うのかというと，それは他の独立変数からの影響によるものです。相対リスクからオッズ比の計算では，単純に１対１の関係しかみていません。他の変数からの影響はないのです。ロジスティック回帰の共変量が１変量のものも同様です。他の変数からの影響はないものになります。このような場合に問題となるのが，交絡因子の影響があるかもしれないということです。つまり，隠れた他の変数からの影響によるものです。ですので，分析では２変量の関係のみをみるのではなく，多変量解析を行った方がいいということになります。

多変量解析(2)：変数間の関係性(グループ化)

▶意識調査の関係性の調査：関係性の視覚化

　この章では，変数間の関係性やグループ間の関係性を探索する分析手法を紹介します。ここでも分析の手法の紹介と結果の解釈の仕方を中心にみます。分析では多くの出力結果が出ますが，目的は分析の結果の解釈ができることです。

1　カテゴリー間の関係性を距離で示す：コレスポンデンス分析

　カテゴリー間の関係性を示す分析を紹介します。第3章ではカテゴリー間の関係性を示す分析として，クロス集計表からカイ2乗検定について説明しましたが，この分析を発展させ，カテゴリー間の距離を示す分析を行います。ここでは，地区ごとの支援者の関係を特徴づける分析を行います。

　クロス集計表で示した居住地域と支援者の関係を視覚化したコレスポンデンス分析を実行します。クロス集計表で示した関係は，カテゴリー間の関係性とその割合を比較して検定したものでした。ここでは，さらに知覚マップ（イメージ質問から位置関係をマップ化するもので，ポジションを把握する方法のひとつ）を使ってカテゴリー間の関係性を示します。分析の手順は以下のとおりです。

　「分析＞次元分解＞コレスポンデンス分析」を選択します（1）。

　行と列ボックスにカテゴリデータを投入します。

　各変数を投入後，範囲の定義ボタンをクリックして最小値と最大値の値を入力し，更新ボタンをクリックして，カテゴリー値の範囲を設定します。以上の設定で，2のように出力されます。

　まず，コレスポンデンステーブルが表示されます。このテーブルは，今回設定した変数のクロス表と同じものになります。このテーブルから次の要約テー

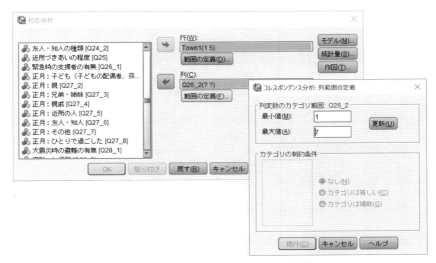

① コレスポンデンス分析の設定ダイアログボックス

コレスポンデンス テーブル

Town1 地区別	緊急時の支援者の種類							
	子ども（子どもの配偶者、孫を含む）	兄弟・姉妹	親戚	近所の人	友人・知人	ケアマネジャーやヘルパーなど介護事業者	その他	周辺
芝地区	295	132	34	27	67	16	13	584
麻布地区	301	122	48	13	54	16	18	572
赤坂地区	308	136	58	20	79	14	26	641
髙輪地区	383	172	61	21	100	17	27	781
芝浦港南地区	267	85	32	30	43	22	24	503
周辺	1554	647	233	111	343	85	108	3081

② コレスポンデンステーブル

ブルが表示され，イナーシャという次元の説明力を示すテーブルが表示されます。その次に，行ポイントと列ポイントの概要が表示され，行，列に設定した変数の次元変換されたカテゴリーの距離変換された値が表示されます。そして最後のプロットされた知覚マップが表示されます。これが，今回の分析で見たかった出力結果です。

③の知覚マップは，行変数と列変数に設定した変数を2次元に変換したものです。値を基にして，知覚マップで距離の近いカテゴリーを関係が強いカテゴリーとして解釈します。

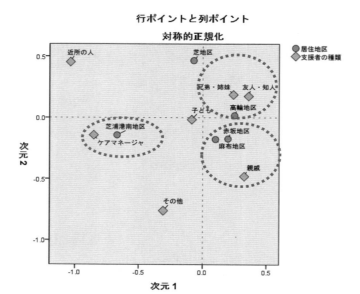

③ **知覚マップ：2011年調査**

　③では，点線で囲んだカテゴリー間の関係性が強いことになります。ここで
は地区ごとの緊急時の支援者との関係をみています。芝浦港南地区ではケアマ
ネージャとの関係が強いとみます。高輪地区では兄弟・姉妹，友人・知人との
関係が，赤坂・麻布地区では親戚との関係性が強いと判断します。芝地区では
特徴的な傾向がないと判断します。また点線で示した 0 の位置の中心に近い子
どもは平均的な位置であることを示し，どの地区でも緊急時の支援は子どもで
あって，地区による特徴はないことを示しています。

　1995年，2004年にも2011年と同様の内容の調査をしていますので，その関係
をみてみましょう。

　2004年の，緊急時の支援者については，芝浦港南地区と赤坂地区が近い関係
にあり，子どもとの関係が強いことがわかります。芝地区では兄弟・姉妹，親
戚との関係が強く，麻布地区では友人・知人の関係が強いことがわかります
（④）。

行ポイントと列ポイント
対称的正規化

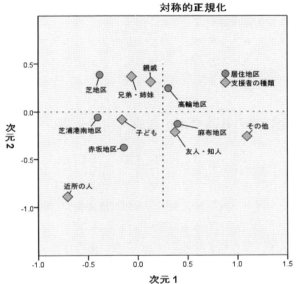

④ 知覚マップ：
2004年調査

行ポイントと列ポイント
対称的正規化

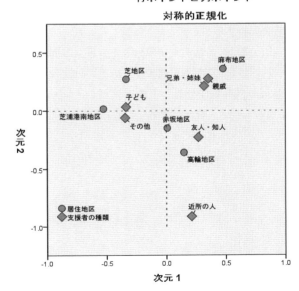

⑤ 知覚マップ：
1995年調査

　さらに1995年では，芝浦港南地区と芝地区との距離が近く，子どもとの関係が強いことがわかります。また，麻布地区が兄弟・姉妹や親戚との関係が，高輪地区では友人・知人との関係が強いことがわかります（⑤）。

　以上のようにコレスポンデンス分析では，クロス集計表からカイ 2 乗検定で独立性の検定を行うだけではみえなかったものがみえ，その地区の特徴を把握するのに役立ちます。

2　意識調査など変数間の共通要素を作成：因子分析

　次に，変数間の関係から変数をまとめる分析手法について紹介します。変数間の関係といえば，相関係数が思い浮かびますが，その相関関係を元に変数をまとめます。ここでは，リッカートスケールで測られた意識調査と健康状態，買い物，近所づきあい，外出の頻度，外出時の会話，収入状態，預貯金額を使って因子分析を行います。これら変数間の関係から変数間の背後に潜む潜在変数を探索します。因子分析は，投入した変数の共通要素を相関から導き出す手法です。投入した変数を共通の要素としてまとめて少ない因子にして保存し，次の分析で使用します。

● 因子分析を実行する

　因子の抽出方法は，多数あります。また，斜交の回転など回転をかけることで，説明力をよくすることも可能です。分析の設定は以下のように行います。
　「分析＞次元分解＞因子分析」を選択します。右側の変数ボックスに因子分析に含める変数を投入します（⑥）。

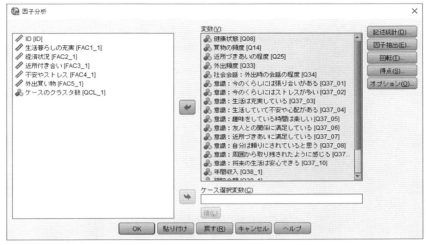

6 因子分析の設定ダイアログボックス

　ダイアログボックスの右側にあるボタンから分析の実行の設定を行います。まず，記述統計ボタンから，今回の分析に使用される変数の統計量や変数間の相関を確認します。

　記述統計ボタンをクリックします（7）。ここで1変量の記述統計量と相関行列の係数，KMOとBartlettの球面性検定を選択します。

　次に，因子分析の手法を選択します。因子分析を設定するダイアログボックスですが，デフォルトでは主成分分析になっています。それ以外の手法はすべて因子分析ですが，その手法だけ主成分分析で異なります。ここでは最尤法を使っての因子抽出を行う手法を選択します。

　因子抽出ボタンをクリックし，方法を最尤法に変更します（8）。抽出の基準（因子抽出の基準）は固有値1以上のものが抽出されます。

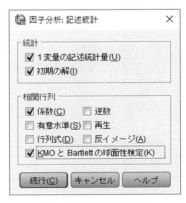

7 因子分析：記述統計

⑧ 因子分析：因子抽出

　次に，回転をかけるため，回転ボタンをクリックします（⑨）。今回は斜交の回転をかけさせるため，プロマックスの方法を選択します。斜交の回転をかけることで，より多くの変数を因子の説明に取り込むことができます。しかし，因子間に相関がでるので解釈が難しくなります。

　また，因子得点を保存して次の分析で使用するため，得点ボタンをクリックします。因子得点を計算するには，回帰法による保存を行います（⑩）。

⑨ 因子分析：回転

⑩ 因子分析：因子得点

　最後に，出力結果を見やすくするた
め，並び替えます。また，小さい係数は
解釈に使わないので出力しないように制
限をします。出力結果の表示を見やすく
するため，オプションボタンをクリック
します（11）。

　以上の設定で因子分析が実行されま
す。今回は設定をいろいろ指定しました
が，因子分析の実行には，基本的な出力
結果が3つ——①共通性といわれる変数
の共通要素，②出力される因子の分散の
要素，③変数と因子との関係性を示す因

11 因子分析：オプション

子負荷——出力されます。ここで重要となる出力は，変数と因子との関係を示
す因子負荷です。この出力から因子分析の目的である，変数と因子の関係を示
し，出力結果から因子名を決めます。

● 因子分析の結果をみる

　そこで，今回の分析で出力される因子分析の結果をみるには，出力結果のあ
との方で出力されるパターン行列と構造行列をみることになります。今回の分
析では，なるべく因子のあてはまりをよくするため，斜交の回転をかけさせま
した。そのため，因子行列はパターン行列と構造行列で出力されます。この出
力結果から出力された因子の解釈を行います。今回は，解釈がしやすいように
変数の並び替えと絶対値で0.3以下の値については出力しないようにしまし
た。そこで，数値の出力されている変数で絶対値の値で大きな変数を元にして
因子名をつけるようにします。その際，プラスの値は正に寄与していると考
え，逆にマイナスの値は負に寄与していると考えます。

　この結果から因子分析の目的である因子の名前をつけます。

パターン行列

	因子					抽出した因子
	1	2	3	4	5	
Q37_01 意識：今のくらしには張り合いがある	0.981					第1因子： 生活の満足
Q37_03 意識：生活は充実している	0.896					
Q37_05 意識：趣味をしている時間は楽しい	0.488					
Q37_08 意識：自分は頼りにされていると思う	0.377		0.323			
Q08 健康状態	0.345					
Q41 経済状況の感じ方		0.868				第2因子： 経済状況
Q39_1 預貯金額		0.681				
Q38_1 年間収入		0.603				
Q37_10 意識：将来の生活は安心できる		0.330				
Q25 近所づきあいの程度			0.701			第3因子： 人間関係
Q37_07 意識：近所づきあいに満足している			0.688			
Q37_06 意識：友人との関係に満足している	0.359		0.447			
Q34 社会会話：外出時の会話の程度			0.391			
Q37_04 意識：生活していて不安や心配がある				0.821		第4因子： 不安・ストレス
Q37_02 意識：今のくらしにはストレスが多い				0.734		
Q37_09 意識：周囲から取り残されたように感				0.412		
Q33_1 外出頻度					0.966	第5因子： 外出・買い物
Q14 買物の頻度					0.375	

因子抽出法：最尤法

⑫ 因子分析の出力結果：パターン行列

構造行列

	因子				
	1	2	3	4	5
Q37_01 意識：今のくらしには張り合いがある	0.864	0.354	0.462	0.414	
Q37_03 意識：生活は充実している	0.823	0.430	0.407	0.438	
Q37_08 意識：自分は頼りにされていると思う	0.568		0.543		
Q37_05 意識：趣味をしている時間は楽しい	0.529		0.412		
Q08 健康状態	0.494	0.303		0.395	0.340
Q41 経済状況の感じ方	0.383	0.857		0.386	
Q39_1 預貯金額		0.621			
Q38_1 年間収入		0.590			
Q37_10 意識：将来の生活は安心できる	0.546	0.566	0.313	0.541	
Q37_07 意識：近所づきあいに満足している	0.471		0.731		
Q37_06 意識：友人との関係に満足している	0.602		0.647		
Q25 近所づきあいの程度			0.577		
Q34 社会会話：外出時の会話の程度	0.493		0.540		
Q37_04 意識：生活していて不安や心配がある	0.342	0.359		0.792	
Q37_02 意識：今のくらしにはストレスが多い				0.674	
Q37_09 意識：周囲から取り残されたように感	0.455		0.377	0.513	
Q33_1 外出頻度	0.303				0.960
Q14 買物の頻度					0.368

因子抽出法：最尤法

⑬ 因子分析の出力結果：構造行列

　以上のパターン行列（⑫）と構造行列（⑬）の結果から，抽出された因子に名前をつけます。名前をつけることでその因子の特徴を把握します。第1因子には，くらしの張り合い，生活の充実から「生活暮らしの充実」因子。第2因子には，経済状況，預貯金，収入から「経済状況」因子。第3因子には，近所づきあいから「近所づきあい」因子。第4因子には，不安やストレスから「不安・ストレス」因子。第5因子には，外出や買物から「外出買い物」因子とします。以上のようにして，元々18個の変数であったものを5つの因子に要約しました。これら5つにまとめられた因子得点をこの後のクラスタ分析に使用します。以上のように因子分析は，抽出された因子を解釈し，その特徴を把握します。そして，その因子得点を使って次の分析に使用します。

　次に，出力結果を上から見ていくと，記述統計では，1変量の要約が平均値と標準偏差，分析に使用されたケース数が表示され，その次に相関行列が表示されます。これら1変量の要約で変数に十分な散らばりがあるか，2変量の関係で変数間の関係が十分にあるかを確認します。そこで，相関係数で注意したいのが多重共線性の問題です。変数間に強い相関があると因子分析を行うのに問題が生じるので，一般的に絶対値の値で0.8以上の相関係数があれば注意して，0.9以上であれば同時に含めないと考えてください。

　次に出力されるのが，KMOの値とBartlettの球面性の検定です。これは，今回のデータが因子分析に適しているかどうかを判断するのに使用します。KMOの値の指標は，0.5以下であれば因子分析に対しては適していない，0.6であれば並，0.7では中，0.8では良好，0.9であれば優と考えます（⑭）。この数値は，変数間の関係を相関と偏相関の値から計算される指標です。変数間の関係で偏相関が高くなれば，KMOの値が低くなるような指標です。またBartlettの検定は，母分散共分散行列がある一定倍の単位行列に等しいという帰無仮説を検定したものです。つまり，母集団においての共分散が0，言い換えれば相関係数がゼロであるという帰無仮説の検定になります。この検定が棄却されることで母集団においての相関がゼロであることが棄却され変数間に関係があることになります。

KMO および Bartlett の検定

Kaiser-Meyer-Olkin の標本妥当性の測度		.855
Bartlett の球面性検定	近似カイ2乗	11854.967
	自由度	153
	有意確率	.000

KMO の基準:
0.9 優
0.8 良好
0.7 中
0.6 並
0.5 不十分

⑭ KMOおよびBartlettの検定とKMOの基準

● 因子分析を出力する

　この後の出力から因子分析の出力になります。

　まずは，共通性からの出力です。共通性では，各投入変数で使用された変数の情報が出力されます（⑮）。初期の列には，各変数と他の変数の関係が示されています。これはSMCの値といわれるものです。因子抽出後の値は，因子分析で使用された各変数の情報量になります。しかし，ここで知りたいことは各変数の情報ではないので，これ以上深くみてはいきません。

共通性[a]

	初期	因子抽出後
Q08 健康状態	.301	.315
Q14 買物の頻度	.139	.137
Q25 近所づきあいの程度	.270	.364
Q33_1 外出頻度	.254	.922
Q34 社会会話：外出時の会話の程度	.334	.355
Q37_01 意識：今のくらしには張り合いがある	.610	.757
Q37_02 意識：今のくらしにはストレスが多い	.344	.464
Q37_03 意識：生活は充実している	.591	.691
Q37_04 意識：生活していて不安や心配がある	.411	.633
Q37_05 意識：趣味をしている時間は楽しい	.313	.301
Q37_06 意識：友人との関係に満足している	.467	.495
Q37_07 意識：近所づきあいに満足している	.419	.541
Q37_08 意識：自分は頼りにされていると思う	.370	.392
Q37_09 意識：周囲から取り残されたように感じる	.317	.342
Q37_10 意識：将来の生活は安心できる	.448	.475
Q38_1 年間収入	.305	.365
Q39_1 預貯金額	.313	.396
Q41 経済状況の感じ方	.486	.738

因子抽出法：最尤法

⑮ 因子分析の出力結果：共通性

　次に説明された分散の合計では，因子の情報が出力されます（16）。ここでは左側に因子が18表示されていますが，これは投入した変数の数の因子を作成することによるものです。そこで，初期の固有値から合計の列 1 以上の固有値が抽出され，抽出後の負荷量平方和が作成されます。また，斜交の回転をかけたので，回転後の負荷量平方和が抽出された因子の情報量になります。この合計列に表示されるものが固有値で，初期の固有値の合計列を合計すると投入する変数の数になり，今回は18となります。また，分散の%は寄与率と呼ばれ，合計列の値の合計数の割合となります。また，累積%は寄与率の累積となります。

説明された分散の合計

因子	初期の固有値			抽出後の負荷量平方和			回転後の負荷量平方和[a]
	合計	分散の %	累積 %	合計	分散の %	累積 %	合計
1	5.174	28.744	28.744	3.389	18.829	18.829	4.215
2	1.982	11.012	39.757	2.348	13.045	31.873	2.652
3	1.453	8.072	47.828	1.433	7.959	39.832	2.814
4	1.374	7.634	55.463	.896	4.979	44.811	2.671
5	1.037	5.760	61.222	.616	3.423	48.235	1.527
6	.809	4.492	65.714				
7	.790	4.390	70.104				
8	.705	3.918	74.022				
9	.615	3.417	77.439				
10	.606	3.365	80.804				
11	.553	3.070	83.874				
12	.517	2.874	86.749				
13	.502	2.790	89.538				
14	.458	2.546	92.084				
15	.423	2.352	94.437				
16	.378	2.102	96.538				
17	.363	2.018	98.556				
18	.260	1.444	100.000				

因子抽出法: 最尤法

16 因子分析の出力結果：説明された分散の合計

　この後，変数と抽出された因子の関係を示す因子行列が出力されます。しかし，因子分析のあてはまりをよくするため，因子に回転をかけさせたので，ここで出力される因子行列を見るのではなく，その後に出力される回転後の因子行列を確認します。また，今回は斜交の回転をかけさせたので，パターン行列

と構造行列の2つになります。パターン行列は因子負荷量を，構造行列は相関を示します。この2つを使って，抽出された因子の名前をつけます。

　因子分析の目的は，変数間の関係からまとめられた因子を抽出することで，その因子の特徴を把握し，変数として保存することです。このようにまとめられた因子を変数として保存し，次の分析で使うことになります。今回は，この後にクラスタ分析を実行することで，もともとあった変数からまとめられた因子を得点として保存し，次のクラスタ分析に使うことになります。

3　共通するグループの作成：クラスタ分析

　先ほど行った因子分析の結果を使って，クラスタ分析を行います。クラスタ分析とは，似たものを集めたクラスター（グループ）を作る方法です。つまり，投入した変数から似たもののグループを作る分析手法です。ここでは，そのクラスタ分析の例を示します。

● クラスタ分析を実行する

　SPSS Statisticsでは，幾つかのクラスタ分析の手法があります。ここでは，大規模ファイルのクラスタを行います。分析は以下の方法で行います。

　「分析＞分類＞大規模ファイルのクラスタ」を選択します（⑰）。

⑰ 大規模ファイルのクラスタ分析

　前節で実行した因子分析の際に保存した因子得点を使い，この得点を元に
ケースのクラスタ化を行います。

　因子得点の変数を右側の変数ボックスに投入します。また，大規模ファイル
のクラスタでは，クラスタの個数を分析者が設定します。そのため指定したク
ラスタ数の結果のみを返すので，分析結果をすばやく見ることができます。幾
つかの分析結果から今回は5クラスタの結果を見てみます。

　クラスタの個数は分析者が設定しますが，比較的少数のクラスタ数にしま
す。また，クラスタ個数については何度か変えて実行します。その結果，分析
者の最も適しているクラスタ数を報告します。

　クラスタ分析は反復してクラスタ中心を計算し，中心が変化しなくなるまで
計算させます。そのため，最大反復回数がデフォルト（初期設定）の10回では
収束しないで，計算を終了する場合があるので，反復回数を変更します。ここ
では，十分な反復回数である100回に指定します（⑱）。

　また，クラスタ分析の結果から各ケースのクラスタ番号をデータに保存する
ため，保存ボタンから所属クラスタを選択します（⑲）。

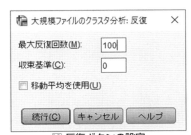
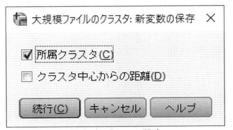

⑱ 反復ボタンの設定　　　　　　　　⑲ 保存ボタンの設定

　クラスタ分析の結果から各ケースのクラスタ番号をデータに保存するため，
保存ボタンから所属クラスタを選択します。

　以上の設定で分析を実行します。

　分析実行の結果，出力には初期クラスタ中心（⑳），反復の記述（㉑），最終
クラスタ中心（㉒），各クラスタのケース数が出力されます。初期クラスタ中
心は，分析を実行するために設定したクラスタ数の中心の位置を示します。

初期クラスタ中心

	クラスタ				
	1	2	3	4	5
FAC1_2 生活暮らしの充実	.13695	.46821	-2.69792	-2.09700	1.72024
FAC2_2 経済状況	-1.43298	-1.87615	-2.03924	.57315	1.97299
FAC3_2 近所付き合い	-1.32967	1.04371	-1.81961	-1.99664	1.93219
FAC4_2 不安やストレス	-1.96563	.37568	-2.35641	1.35527	1.93629
FAC5_2 外出買い物	-2.47082	1.09014	.97384	.91722	-1.54988

⑳ 初期のクラスタ中心

　この初期クラスタ中心から反復回数でクラスタ中心を移動して０に収束するまで計算されます。

反復の記述[a]

クラスタ中心での変化

反復	1	2	3	4	5
1	2.275	2.045	1.859	2.290	2.375
2	.232	.125	.336	.230	.373
3	.103	.129	.117	.141	.149
4	.085	.107	.060	.111	.077
5	.051	.096	.025	.116	.039
6	.051	.091	.026	.101	.038
7	.046	.088	.022	.086	.024
8	.021	.062	.048	.062	.020

......

69	.009	.006	.005	.017	.010
70	.023	.002	.023	.027	.002
71	.010	.006	.030	.018	.003
72	.010	.011	.042	.010	.004
73	.012	.003	.035	.017	.005
74	.019	.002	.036	.014	.004
75	.004	.005	.008	.007	.002
76	.000	.000	.000	.000	.000

㉑ 反復の記述

最終クラスタ中心

	クラスタ				
	1	2	3	4	5
FAC1_2 生活暮らしの充実	-1.40628	.16991	-.18876	-.13259	.97649
FAC2_2 経済状況	-.74818	.20317	-1.00658	.22079	.74195
FAC3_2 近所付き合い	-1.06458	.27465	.27107	-.53115	.67497
FAC4_2 不安やストレス	-.80147	.19712	-.78551	-.03912	.84249
FAC5_2 外出買い物	-.94112	-.86820	.50077	.67983	.61852

22 最終クラスタ中心

　今回の分析では，76回の反復測定で収束していることがわかります。この出力からクラスタ中心の結果が収束し，最終クラスタ結果の解釈へと移ります。

　この最終クラスタ中心の結果から，各クラスタの特徴を把握します（22）。これがクラスタのプロファイルを行うということで，この解釈がクラスタ分析の最終的な目的になります。

● 折れ線グラフを作る

　この最終クラスタ中心の値だけではわかりづらいので，折れ線グラフを作ることがあります（23）。

　この折れ線グラフをプロファイルプロットと呼びます。このプロファイルプ

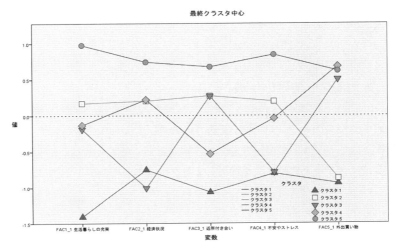

23 最終クラスタ中心の折れ線グラフ：プロファイルプロット

表5-1 各クラスタの特徴とプロファイル

クラスタ番号	プロファイル	高齢者像・その特徴
クラスタ1	多重困難型	人間関係が非常に悪く，経済状況も良くないため，毎日の生活に強い不満やストレスを感じているタイプ
クラスタ2	外出困難型	外出状況に問題を抱えているが，経済状況，人間関係が良好で生活に一定の満足を得ているタイプ
クラスタ3	経済困難型	経済状況が悪く，不安を抱えているが，外出状況が良く，人間関係も良好で日常生活にはあまり不満がないタイプ
クラスタ4	関係困難型	人間関係には満足していないが，経済状況，外出状況が良いため，毎日の生活に不満を感じていないタイプ
クラスタ5	生活安定型	金銭面でも人間関係でも不安はなく，ストレスも感じていない。毎日を豊かに生活しているタイプ

ロットでクラスタ分析の結果を解釈します。

　最後に出力されるのが，各クラスタ内のケース数になります。クラスタ内に十分なケースが存在するか，つまり外れ値のクラスになっていないかを判断します。今回の分析では十分なケースがあることがわかります。

各クラスタのケース数

クラスタ	1	353.000
	2	498.000
	3	322.000
	4	398.000
	5	538.000
有効数		2109.000
欠損		.000

24 各クラスタのケース数，有効数，欠損値の数

4　クラスター結果の比較

　作成されたクラスターの特徴を把握するため，その他の変数との関係を要約します。カテゴリー間の関係性はクロス集計表を，スケールデータの特徴を把握するにはグループ間の比較を使用して各クラスターの特徴を把握します。

Q01_1 性別 と K_Means クラスタ番号 のクロス表

			1 多重困難型	2 外出困難型	3 経済困難型	4 関係困難型	5 生活安定型	合計
Q01_1 性別	1 男性	度数	115	57	73	135	87	467
		クラスタ番号 の %	33.1%	11.5%	22.8%	34.1%	16.4%	22.3%
	2 女性	度数	232	438	247	261	445	1623
		クラスタ番号 の %	66.9%	88.5%	77.2%	65.9%	83.6%	77.7%
合計		度数	347	495	320	396	532	2090
		クラスタ番号 の %	100.0%	100.0%	100.0%	100.0%	100.0%	100.0%

K_Means クラスタ番号

Q5_1 持ち家 と K_Means クラスタ番号 のクロス表

			1 多重困難型	2 外出困難型	3 経済困難型	4 関係困難型	5 生活安定型	合計
Q5_1 持ち家	0 持ち家以外	度数	208	194	210	135	152	899
		クラスタ番号 の %	58.9%	39.0%	65.2%	33.9%	28.3%	42.6%
	1 持ち家	度数	145	304	112	263	386	1210
		クラスタ番号 の %	41.1%	61.0%	34.8%	66.1%	71.7%	57.4%
合計		度数	353	498	322	398	538	2109
		クラスタ番号 の %	100.0%	100.0%	100.0%	100.0%	100.0%	100.0%

K_Means クラスタ番号

Q8_1 健康状態 と K_Means クラスタ番号 のクロス表

			1 多重困難型	2 外出困難型	3 経済困難型	4 関係困難型	5 生活安定型	合計
Q8_1 健康状態	1 健康	度数	33	146	93	153	387	812
		クラスタ番号 の %	9.3%	29.3%	28.9%	38.4%	71.9%	38.5%
	2 普通	度数	131	240	141	196	130	838
		クラスタ番号 の %	37.1%	48.2%	43.8%	49.2%	24.2%	39.7%
	3 健康でない	度数	189	112	88	49	21	459
		クラスタ番号 の %	53.5%	22.5%	27.3%	12.3%	3.9%	21.8%
合計		度数	353	498	322	398	538	2109
		クラスタ番号 の %	100.0%	100.0%	100.0%	100.0%	100.0%	100.0%

K_Means クラスタ番号

Q09_2A 要介護認定 有無 と K_Means クラスタ番号 のクロス表

			1 多重困難型	2 外出困難型	3 経済困難型	4 関係困難型	5 生活安定型	合計
Q09_2A 要介護認定 有無	0 なし	度数	176	306	210	270	395	1357
		クラスタ番号 の %	53.5%	67.5%	72.2%	76.3%	84.0%	71.5%
	1 あり	度数	102	95	31	35	28	291
		クラスタ番号 の %	31.0%	21.0%	10.7%	9.9%	6.0%	15.3%
	9 非該当	度数	1	2	2	3	4	12
		クラスタ番号 の %	0.3%	0.4%	0.7%	0.8%	0.9%	0.6%
	10 わからない	度数	50	50	48	46	43	237
		クラスタ番号 の %	15.2%	11.0%	16.5%	13.0%	9.1%	12.5%
合計		度数	329	453	291	354	470	1897
		クラスタ番号 の %	100.0%	100.0%	100.0%	100.0%	100.0%	100.0%

K_Means クラスタ番号

Q13 現在の仕事の有無 と K_Means クラスタ番号 のクロス表

			1 多重困難型	2 外出困難型	3 経済困難型	4 関係困難型	5 生活安定型	合計
Q13 現在の仕事の有無	1 仕事をしている	度数	43	100	90	111	195	539
		クラスタ番号 の %	12.4%	20.6%	28.8%	28.6%	37.1%	26.2%
	2 仕事をしていない	度数	303	386	222	277	330	1518
		クラスタ番号 の %	87.6%	79.4%	71.2%	71.4%	62.9%	73.8%
合計		度数	346	486	312	388	525	2057
		クラスタ番号 の %	100.0%	100.0%	100.0%	100.0%	100.0%	100.0%

K_Means クラスタ番号

Q11 結婚歴 と K_Means クラスタ番号 のクロス表

			K_Means クラスタ番号					合計
			1 多重困難型	2 外出困難型	3 経済困難型	4 関係困難型	5 生活安定型	
Q11 結婚歴	1 結婚したことがある	度数	245	366	214	258	388	1471
		クラスタ番号 の %	70.0%	74.4%	67.3%	65.5%	72.5%	70.4%
	2 結婚したことはない	度数	105	126	104	136	147	618
		クラスタ番号 の %	30.0%	25.6%	32.7%	34.5%	27.5%	29.6%
合計		度数	350	492	318	394	535	2089
		クラスタ番号 の %	100.0%	100.0%	100.0%	100.0%	100.0%	100.0%

Q22_1 生存子の有無 と K_Means クラスタ番号 のクロス表

			K_Means クラスタ番号					合計
			1 多重困難型	2 外出困難型	3 経済困難型	4 関係困難型	5 生活安定型	
Q22_1 生存子の有無	1 生存子がいる	度数	183	282	153	195	296	1109
		クラスタ番号 の %	53.4%	58.3%	49.0%	50.4%	56.3%	54.0%
	2 生存子はいない	度数	160	202	159	192	230	943
		クラスタ番号 の %	46.6%	41.7%	51.0%	49.6%	43.7%	46.0%
合計		度数	343	484	312	387	526	2052
		クラスタ番号 の %	100.0%	100.0%	100.0%	100.0%	100.0%	100.0%

		K_Means クラスタ番号				
		1 多重困難型	2 外出困難型	3 経済困難型	4 関係困難型	5 生活安定型
$Q35_1 参加している?	Q35_1_01 社会会話 : 趣味の会（囲碁・将棋・俳句・カラオケ・お花・茶道・お茶など）	30	91	75	70	141
		9.0%	19.2%	24.8%	18.4%	27.2%
	Q35_1_02 社会会話 : 社会活動（同窓会・PTAなどの子育ての頃の団体・生協活動など）	2	26	9	11	55
		0.6%	5.5%	3.0%	2.9%	10.6%
	Q35_1_03 社会会話 : 健康づくりの活動（スポーツ・体操教室など）	31	102	70	90	183
		9.3%	21.5%	23.2%	23.6%	35.3%
	Q35_1_04 社会会話 : 介護予防事業（健康トレーニング・筋力向上トレーニングなど）	25	52	37	35	49
		7.5%	11.0%	12.3%	9.2%	9.4%
	Q35_1_05 社会会話 : 学習の会	9	28	17	26	40
		2.7%	5.9%	5.6%	6.8%	7.7%
	Q35_1_06 社会会話 : 老人クラブ	19	23	18	18	31
		5.7%	4.9%	6.0%	4.7%	6.0%
	Q35_1_07 社会会話 : ボランティア活動	0	23	19	24	67
		0.0%	4.9%	6.3%	6.3%	12.9%
	Q35_1_08 社会会話 : 町会・自治会	20	54	43	30	76
		6.0%	11.4%	14.2%	7.9%	14.6%
	Q35_1_09 社会会話	16	37	29	31	57
		4.8%	7.8%	9.6%	8.1%	11.0%
	小計 : 社会参加あり	107	282	181	198	371
		32.2%	59.5%	59.9%	52.0%	71.5%
	Q35_1_10 社会会話 : 参加していない	225	192	121	183	148
		67.8%	40.5%	40.1%	48.0%	28.5%
	合計	332	474	302	381	519
		100.0%	100.0%	100.0%	100.0%	100.0%

Q35_3A 地域活動への参加意向 と K_Means クラスタ番号 のクロス表

			K_Means クラスタ番号					合計
			1 多重困難型	2 外出困難型	3 経済困難型	4 関係困難型	5 生活安定型	
Q35_3A 地域活動への参加意向	0 なし	度数	160	152	65	117	114	608
		クラスタ番号 の %	47.8%	31.2%	21.0%	30.2%	22.3%	29.9%
	1 あり	度数	73	170	148	156	284	831
		クラスタ番号 の %	21.8%	34.9%	47.9%	40.2%	55.5%	40.9%
	3 どちらともいえない	度数	102	165	96	115	114	592
		クラスタ番号 の %	30.4%	33.9%	31.1%	29.6%	22.3%	29.1%
合計		度数	335	487	309	388	512	2031
		クラスタ番号 の %	100.0%	100.0%	100.0%	100.0%	100.0%	100.0%

Q21_11 利用制度：利用しているサービスはない と K_Means クラスタ番号 のクロス表

			K_Means クラスタ番号					合計
			1 多重困難型	2 外出困難型	3 経済困難型	4 関係困難型	5 生活安定型	
Q21_11 利用制度：利用	0 いいえ	度数	154	159	95	110	136	654
しているサービスはない		クラスタ番号 の %	46.1%	34.5%	31.3%	28.6%	27.1%	32.9%
	1 はい	度数	180	302	209	275	365	1331
		クラスタ番号 の %	53.9%	65.5%	68.8%	71.4%	72.9%	67.1%
合計		度数	334	461	304	385	501	1985
		クラスタ番号 の %	100.0%	100.0%	100.0%	100.0%	100.0%	100.0%

		K_Means クラスタ番号					合計
		1 多重困難型	2 外出困難型	3 経済困難型	4 関係困難型	5 生活安定型	
Q01_2 年齢	平均値	76.70	77.88	74.60	75.03	74.85	75.87
	度数	349	494	317	395	534	2089
	標準偏差	6.928	6.564	5.472	6.079	6.305	6.445
Q03 居住年数	平均値	34.66	39.72	36.30	36.93	35.61	36.77
	度数	352	494	320	394	537	2097
	標準偏差	21.407	20.348	19.802	20.450	19.938	20.422

第6章

質的調査の設計と方法

1　個別事例を全体の中に位置づける手法

　一定量の量的データあるいは質的データによって，全体的あるいは特定のグループごとの特徴を数量的に把握することは，調査対象を分析する基本的作業です。第Ⅱ部のこれまでの章で見てきたデータ解析の基礎，さらには多変量解析のいろいろな手法は，その実際例を示したものです。しかし，データの全体的特徴をみるだけでは不十分です。個々のケースの課題や生活の現実を把握することは，数量的把握ではみえない課題が明らかになるのです。そこで重視されるのが，質的調査です。

　最近，質的調査がブームともなっています。多くの質的調査研究が発表されています。しかし，質的調査で問われることは，その事例が全体の中でどのように位置づくのかということです。質的調査が特殊な，例外的なものであるならば，研究の意味をもちません。つまり，質的調査のケースが母集団の中でどのような位置にあるのかが明確でなければならないのです。

　筆者たちの調査は，一次と二次の2段階で実施してきました。一次調査は，アンケート調査による数量的データの収集です。二次調査は，事例の収集を目的にした訪問面接調査です。大切な点は二次調査での訪問ケースの選び方で，訪問面接のケースが調査対象全体の中での位置を明確にできるかどうかです。訪問面接調査は個人を特定して実施しますが，その個人を一次調査の中で特定できるかどうかによって，二次調査の位置づけが大きく異なってきます。

　筆者たちの調査では，一次調査の調査票の最後に二次調査の趣旨を書き，二次調査を受け入れてくれるかどうかを尋ねました。2011年の港区でのひとり暮らし高齢者調査では，次のように記載しました。なお，委託先の社名はN社としてあります。

面接調査ご協力のお願い

　港区では，今年9月に二次調査としてご家庭を訪問し，生活の様子についてお聞きしたいと考えております。ご協力いただける方は，次の欄にお名前やご連絡先をご記入ください。個人の情報がほかに漏れることはございません。下記に連絡先をご記入いただいた方のなかから，数十名の方を対象に訪問させていただく予定です。あらかじめご了承ください。

　面接調査には，港区から委託を受けたN社から調査員が伺います。面接調査の対象となった方へは，日時等につきまして，8月中旬ころから，N社よりご連絡申し上げます。どうぞよろしくお願い申し上げます。

　二次調査の訪問を受けたくない方は，以下の欄には何も記入しないでください。

※二次調査（ご家庭への訪問）にご協力いただける方のみご記入ください

　氏　　　名：_____

　住　　　所：〒　　　－

　　　　　　　東京都港区_____

　電話番号：_____

　こうしたお願いを調査票の最後に書き，一次調査の個人を特定できるようにしたのは，2004年の港区ひとり暮らし高齢者調査（調査主体は港区社会福祉協議会。ただし，筆者は調査の企画・実施・分析・報告書の執筆まで中心的に関わりました）が初めてでした。

　当初，個人の氏名，住所，電話番号を答えてくれる人はほとんどいないのではないかと不安でしたが，この欄に記載があった人は2004年調査（40％抽出調査）では全体の28.7％（276人）でした。

　2011年調査（悉皆調査）では，16.3％（643人）が二次調査の受け入れを承諾してくれました。個人を特定することができるこの方法は，実施に困難を伴いますが，個別事例を全体の中に位置づけるには必要です。一次調査の対象を一定の問題意識から類型化し，さらに個人が特定できるケースの中から訪問ケースを選び，類型ごとの典型例を事例調査を通して収集するのです。

2　事例調査の具体的手順

（1）一次調査から調査対象を類型化する

　2011年，港区ひとり暮らし高齢者調査の二次調査の実施にあたり，まずは一次調査で得られた結果から，幾つかの指標を用いて対象者の類型化を行いました。

　指標として挙げたのは，①経済的指標，②家族・親族ネットワーク，③近隣ネットワークの３つです。経済的な状況は，住居や外出，買い物などひとり暮らし高齢者の生活に大きな影響を及ぼすものとして注目していることから，類型化の際に外せない指標として取り上げました。ここでは，年間収入を「150万円未満」「150万円以上200万円未満」「200万円以上400万円未満」「400万円以

表6-1　港区ひとり暮らし高齢者の類型と内容

類型番号	内　　容
類型1	150万円未満×家族・親族ネットワークなし×近所づきあいなし
類型2	150万円未満×家族・親族ネットワークなし×近所づきあいあり
類型3	150万円未満×家族・親族ネットワークあり×近所づきあいなし
類型4	150万円未満×家族・親族ネットワークあり×近所づきあいあり
類型5	150～200万円未満×家族なし・親族ネットワーク×近所づきあいなし
類型6	150～200万円未満×家族・親族ネットワークなし×近所づきあいあり
類型7	150～200万円未満×家族・親族ネットワークあり×近所づきあいなし
類型8	150～200万円未満×家族・親族ネットワークあり×近所づきあいあり
類型9	200～400万円未満×家族・親族ネットワークなし×近所づきあいなし
類型10	200～400万円未満×家族・親族ネットワークなし×近所づきあいあり
類型11	200～400万円未満×家族・親族ネットワークあり×近所づきあいなし
類型12	200～400万円未満×家族・親族ネットワークあり×近所づきあいあり
類型13	400万円以上×家族・親族ネットワークなし×近所づきあいなし
類型14	400万円以上×家族・親族ネットワークなし×近所づきあいあり
類型15	400万円以上×家族・親族ネットワークあり×近所づきあいなし
類型16	400万円以上×家族・親族ネットワークあり×近所づきあいあり

上」の４つに区分して使用しました。

　次に，ひとり暮らし高齢者の生活を支える機能をもつネットワークとして，②家族・親族ネットワークを指標としました。具体的には，家族・親族との行き来の有無と，連絡頻度の強弱から大きく２段階に分類しました。

　そして，もうひとつの生活支援ネットワークとして，③近隣ネットワークを取り上げました。近所づきあいの程度を大きく２段階に分類しました。

　これらの３つの指標の組み合わせを一覧にしたものが，表6-1です。全部で16の類型となります。

　すでに述べたように，二次調査の実施を前提として，一次調査の調査票の最後に，訪問面接の受け入れの可否を確認する欄を設けていましたが，その結果は643人，全体の16.3％もの方が「二次調査の受け入れ可」と回答してくださったことはとても幸いなことでした。表6-2をご覧ください。受け入れ可の全体の中で類型に該当したのは487ケースでした。個々の指標の無回答を除くことから該当数は少なくなります。

　さて，実際の二次調査では類型ごとに２～６ケースずつ，全体で70ケースを訪問することができました。

表6-2

港区ひとり暮らし高齢者の類型ごとの該当数と調査の実施状況

類型番号	該当数	訪問数
類型 1	39人	6人
類型 2	48人	6人
類型 3	27人	6人
類型 4	77人	6人
類型 5	17人	6人
類型 6	24人	6人
類型 7	14人	6人
類型 8	39人	6人
類型 9	23人	4人
類型10	31人	4人
類型11	27人	3人
類型12	64人	3人
類型13	6人	2人
類型14	8人	2人
類型15	18人	2人
類型16	25人	2人
合計	487人	70人

（2）二次調査の内容と手順

● 質問項目

　二次調査は調査票（巻末資料参照）に基づき該
当者のご自宅を訪問し，インタビュー形式で行い
ました。聞き取りの内容を項目別に示したものが
表6-3です。これらの項目のほとんどが一次調
査の設問と重なります。

　二次調査でのインタビュー前には，一次調査の
情報を調査員がきちんと把握しておくことが大切
です。一次調査でわかっている事実は，二次調査
では確認程度であえて聞く必要はありません。む
しろ二次調査で重視したいことは，一次調査でみ
えない事実を把握することです。筆者たちは特に

表6-3　質問項目一覧
1　住宅状況
2　地域環境（観察）
3　生活歴・職業歴
4　健康状態・通院の状況
5　現在の生活状況
6　買い物の状況について
7　緊急時対応
8　正月三が日の過ごし方
9　近隣関係について
10　今後の生活について
11　行政サービスへの期待
12　その他（特記事項）
13　調査員所見

問題発生の背景を動的に捉えようとしてきました。生活歴の聞き取りを重視し
てきたのも，このことからです。生まれた地域，親の職業，生活状況，調査対
象者本人の学歴，職業歴等を聞くことによって，現在の状況を過去からの流れ
のなかで理解することができます。現在の生活状況，意識は，突然生まれたも
のではありません。

● 調査のポイント

　さて，以下に，二次調査にあたっての調査のポイントを掲げます。今回の調
査は，港区政策創造研究所が調査主体であり，調査員は委託のシンクタンクの
職員が担いました。

二次調査にあたっての調査のポイント

0．留意事項

　1）プライバシーへの配慮

　　調査に入る前に，本調査で得られたデータは個人を特定されないかたちで処
　理し，公表する場合には，事例を加工することを説明します。

　2）回答について

　　答えたくない質問には答えなくてもよいことをあらかじめ伝えます。

　3）生活の場に立ち入ることへの配慮

　　　生活の場に立ち入らせていただいているという姿勢・意識で，不必要にジロ
　ジロ見回したり，強引に間取りや家賃などを聞き出したりしないように注意し
　ます。

　4）対象者からの「質問・相談」への対応

　　　対象者に「港区から来た人」と思われ，区のサービスなどについての質問や
　相談が出ることも考えられます。もし個人的にそれらを知っていたとしても，
　区に関する質問や相談は区役所あるいは支所に訊ねるよう促してください。

　　　なお，よくある質問として「港区政策研究所は本当に港区の組織なのか」と
　いったものがありますが，これについては「港区です」と回答してください。

1．インタビュー調査

　本調査では，半構造化面接法によりインタビュー調査を実施します。

　調査項目は別紙のとおりですが，必ずしも順番に聞く必要はありません。

　本人に語ってもらえるよう質問の仕方を工夫してください（本人が7割・自分が
3割話すことをめざす。意識としては自分が2割程度にしておくとよいでしょ
う）。

　1）傾聴の姿勢・話を促すあいづち・受容的態度

　　＊相手の話に耳を傾け，興味を持って聴く

　　＊話しやすい雰囲気を作る

　　＊適切なあいづちを入れる

　　＊相手の立場や話を受け容れる態度で

　　＊メモを取ることに集中しない（メモは最低限に。記録のまとめは対象者宅を
　　　辞してから）

　　◎下を向いてばかり・メモを取ってばかりだと話が続かなくなります

　2）行間を読む・気持ちを慮る

　　＊「言葉」のみとらえず，口調・表情・しぐさなどから感情の把握に努める

　　◎例えば「ひとり暮らしは気楽でよい」という言葉が本心からなのか，あきら
　　　めなのかを理解できるよう努めます。

　3）客観的事実と感情を分けて把握する

　　＊本人の感情の把握とともに，客観的事実も冷静に把握する

　　　例）本人は「誰とも行き来がなくさびしい」と感じていても，客観的には民
　　　　生委員や近隣の輪ができていることもある。生活を「主観・客観」の双方
　　　　から把握したい。

　　＊記録の際には，対象者の主観と客観的観察・考察を分けて記載する

　4）開かれた質問（Open question）・閉ざされた質問（Closed question）

　　　＊開かれた質問を中心に，閉ざされた質問は少なめに
　　　◎閉ざされた質問ばかりだと「尋問」形式になりがち→回答しづらくなるので
　　　　注意
　　5）言い換え・確認・繰り返し
　　　＊あいまいな部分は「それは〜ということですか」と言い換えるなどして確認
　　　＊とくに生活歴などについては時系列など時折確認しながら話を進める
　　　＊質問中，別の質問の回答に関係する話に広がった時は，確認しながら補足す
　　　　る
　　　　例）「ゴミ出しなど近所の人が手伝ってくれる」と回答したが，その後近所
　　　　　づきあいについての質問では「ほとんどつきあいがない」と回答している
　　　　　場合
　　6）決めつけない・判断しない
　　　＊話をうかがう場であって何かを判断する場ではない
　　　＊調査以外のことを相談・質問された場合には自己判断で回答せず，区やしか
　　　　るべき公的機関等に相談するよう伝える

２．観　察

　訪問面接の際には，本人からのインタビューのほかに観察によるデータ収集も行
います。
　地域環境，住宅の状況，本人の状況などについてです。失礼にならない程度に観
察をしてください。
　　1）住宅の状況
　　　調査票の各項目について，住宅の様子を観察します。
　　　＊間取りは見える範囲・わかる範囲でOK
　　　＊風呂・台所・トイレについては共同かどうか確認できるとなお可
　　　＊室内の様子は，整理整頓されているか，掃除されているか，などさりげなく
　　　　観察
　　2）地域環境
　　　対象者宅の周辺環境を観察します。
　　　＊調査票にある「住宅街・商店街・ビル群・マンション群・その他」のどれか
　　　　に○
　　　＊周辺の様子をメモしておく（高級住宅街，昔からの商店街，新しいマンショ
　　　　ンが多い，など）
　　3）健康状態・介助の状況
　　　対象者の健康状態（身体状況）を観察します。
　　　＊客観的な観察（歩行の状況，昇り降り・立ち座りの様子や機器の使用有無な
　　　　ど）

＊内部的な疾患についてはインタビュー項目に

＊本人が「介助は不要」と答えていても介助が必要そうであればその観察内容を記入

3．調査員の所見
訪問調査を通して調査員が感じたことをまとめます。

例）気さくで話好きの印象で，調査項目以外にも，初恋や戦争など話が弾んだ。「こんなに話したのは久しぶり」と言い，普段人の来訪が少ないことがうかがえた。

4．調査項目別質問・観察のヒント
1）住宅状況

＊見てわかるものは質問しない

＊住宅の困りごとについては，一次調査の結果を補足する具体的内容を聞き取る。

併せて調査員が感じた点を質問してもよい（例：「この段差はつまづきそうですが，大丈夫ですか」など）

2）地域環境（観察）

＊対象者宅の周辺の住環境を観察する

・最寄り駅，大通り・バス通りからの距離

・日用品が購入できそうな商店または商店街などからの距離

・ゴミ集積所の場所や状況

・住居周辺の道幅，坂や段差，車の行き来，人の行き来

・町内会等の掲示板の掲示物

◎生活の様子を訊ねる設問にも活かせます。

3）生活歴・職業歴（いままでどのように育ちどのように暮らして来たのか。半生記のイメージ）

◎調査票では最初の方に置いてありますが，ある程度話を進めて，信頼関係を構築してから訊ねる方が成功します。その際，根掘り葉掘り聞きすぎないこと。

◎「生活歴についてお聞きしますが」などと宣言しない方がよいでしょう。

＊時系列で聞く方法

「お生まれはどちらですか」→「ご家族は」→「学校を出られて」→「お仕事は」

→「ご結婚は」→「お子さんは」・・・

＊現在からさかのぼっていく方法

「港区の暮らしは長いのですか」→「いつごろから」→「お子さんは」→

「ご主人（奥様）は」→「ご結婚されたのは」→「学生時代は」・・・

＊思いついたところから話を広げる方法

　　対象者が話し好きな場合や，他の設問の話に付随して回答が出てくる場合などに有効

◎学校・職業については，高卒，大卒の別や，職業的地位などを把握します。

◎「港区に住むようになったきっかけ」についても把握してください。

◎成育家族や親戚とのかかわりについては，過去～現在までの状況を出来る限り把握してください。

4）健康状態・通院の状況

◎健康状態・介助の状況については前述のとおりです。

◎健康管理については，健康の維持管理を気にしているか，健康づくりのために行っていることがあればその内容などを記入します。

◎通院状況は，普段の定期的な通院の状況（週に1回かかりつけ医，月に1回大学病院，など）と併せて，大病した経験などがあればそれもたずねます。（無理には聞きださない）

◎サービスの利用状況は，保健福祉サービスについてを主とします。

＊ヘルパー，デイサービスなどの介護保険サービス（別紙用語集も参考に）

＊ボランティアなど区のサービスでないものもわかる範囲で確認

＊本人はサービス名称がわからないことが多いため，あとで推測できるよう関連する情報を訊ねておくとよい

5）現在の生活状況

◎生活リズムが整っているのか不規則なのかを把握します。

◎日中の過ごし方については，以下の項目を中心に訊ねます。

＊食事・入浴・家事等の様子の把握（誰が，どのように準備・調達しているか）

＊日中ひとりで何をしていることが多いのか，趣味や旅行，サークル参加など

＊散歩や友人・知人，近隣との交流の様子も

◎日常的支援については，ゴミ出し，薬とりなど手伝ってもらっているか，いないか，また，手伝ってもらっているとすれば，それは誰かについて訊ねます。

◎地域環境については，本人の主観を把握します。

＊本人が地域環境について感じていること

＊便利，不便，住みやすい，住みにくいなどの地域環境への印象

6）買い物の状況について

◎普段の買い物の状況については，一次調査の結果を補足していきます。

＊食品・日用品などの買い物を中心に，その頻度や買い物先・方法を把握

◎買い物について困っていること，不安に思っていることや要望も同様です。

＊一次データがあれば入れておく

＊将来的な不安についても把握したい

7）緊急時対応

◎緊急時の支援者（病気やけがなど支援を要する状態になったときに駆けつけてくれる人）の状況を把握します。

＊いる・いないの別（一次データの補足）

＊いる場合にはその人の居住地，普段の関係について把握

＊本人にとって「緊急時」とはどういうことか（死んだとき，と思う人もいる）

8）正月三が日の過ごし方

◎今年を含めいつもどのように過ごしているかを訊ねます。

＊昔と今で変化があればそれも

9）近隣関係について

◎近所づきあいの程度や近所づきあいについて本人が感じていることを把握します。

＊あいさつや立ち話，物のやりとりなど

＊本人の気持ちについても（楽しい，気楽，億劫，できればかかわりたくない，大事だと思うけれど……など）

◎町会・自治会については，加入の有無と町会活動の状況を把握します。

＊回覧板がまわってくるかどうかについても訊ねる

◎民生委員については，自分の地区を担当している民生委員を知っているかどうか，その人が訪ねてくるかどうかを訊ねます。

10）今後の生活について

◎経済状況については，本人の経済状況について把握します。

＊いま生活が苦しい，余裕があるなどの本人のとらえ方

＊今後どうなっていくのかの見通しや感じ方（いまはなんとかなるが，貯金がなくなったら……など）

◎将来の生活については，今後の見通し，展望，考えていることなどを把握します。

＊これからの生活で心配に思っていることや気にかかっていることなど

＊人によっては死んだときのこと，死んだあとのこと（葬儀，埋葬，遺産など）についても（←話の流れで出てきたら聞く，にとどめる。無理に全員に訊ねない）

※不安に思っている方も多くデリケートな質問なので，深追いしないことが肝要。

11）行政サービスへの期待について

◎行政への期待や要望などを訊ねます。

＊「区にしてほしいことはありますか」などと訊ねても可

12）その他（特記事項）

◎ほかの質問項目によらず特記したいことがらをまとめて記入します。

◎3・11の震災に関する話はここにまとめます。

＊3・11の震災については，「本人の生活実態を把握する」という目的からそれることも大いに考えられるため，広がりすぎないよう注意

13）調査員所見

◎調査時に客観的に把握した本人状況で他の項目に入らないものや，調査員自身の感想（「年齢の割に元気」「本当は不安もありそう」など）をまとめます。

　この「二次調査にあたっての調査のポイント」は，2004年の港区ひとり暮らし高齢者調査の二次調査のときに作成したものをベースに，その後に研究室で実施してきた地域調査のなかで改良を重ね，2011年の港区調査でアレンジしたものです。今回の調査のポイントは，特にシンクタンクの職員が訪問することを意識して作成しました。これまでの筆者の研究室での調査では，二次調査の調査員は学生でした。若い学生の限界もありますが，高齢者との関係はとても良く，それが二次調査の成功に結びついています。

　学生の力を感じたのは，2006年に横浜市鶴見区で実施したひとり暮らし高齢者の悉皆調査でした。調査の前提で，住民基本台帳上の65歳以上でひとり暮らしの者約1万2000名を民生委員が全数訪問し，実質ひとり暮らしの高齢者を確認し，確認できた5998名を調査対象としました。有効回収数4226ケース，回収率70.5％でした。このとき，二次調査として学生による訪問面接調査を実施しました。

　鶴見区調査でも，一次調査の調査票の最後に，調査回答者に対して訪問面接調査の受け入れの可否を尋ねています。結果は，一次調査の回答者の60.5％，1553名が訪問の受け入れを承諾してくれたのです。一次調査の結果から幾つかの生活類型を設定し，42ケースを選びました。最終的に訪問できたのは19ケースでした。学生が調査員ということで，「調査のポイント」も学生向けにしました。特に学生に強調したのは，対象世帯へ行く途中の地域状況の把握，対象者の家が一軒家の場合は，家の周りの状況（庭，駐車場その他）の把握，また対象者の家の間取りの把握，家の中の整理状況等を把握するために，トイレを借りることで，お話を伺っている部屋以外の状況をさりげなく見ること，そして対象者の生活歴を丁寧にお聞きすること等です。

　さらに，この19ケースを訪問した際に，１週間の日記の記入をお願いしました。対象者の負担を考えて，ごく簡単な項目をリストとして挙げました。何時に起き，何を食べ，何をし，誰に会い，何時に寝たかといったものでした。日記は12人から回収することができました。第２章では，この12人のうちの１人の日記をすでに紹介しました。これらの調査は学生の力です。鶴見調査の詳細は，河合克義『大都市のひとり暮らし高齢者と社会的孤立』（2009年）をご覧ください。

　訪問面接調査では，調査班は２〜３名で行いました。１人は質問をする，もう１人は記録を取るという役割分担をしました。記録係が質問してはいけないわけではありません。質問項目を全体的に把握して，質問に欠落がないかどうかもチェックしつつ，場合によっては質問もしてもらいました。

　二次調査は調査員の力量が問われます。調査員の問題意識のレベルによって，質問が深まるのです。調査員の力量の差を埋めるには，訪問した後すぐに，調査本部において当該調査の指導者が調査内容のチェックをすることが大切です。設問を形式的に聞いて記録することを防ぎ，深掘りをし関連事項を含めて広くデータを収集できるようにするには，調査班が複数のケースを担当する体制をとることをお勧めします。最初の訪問ケースの結果を，指導者に報告してもらい，質問できていない点を調査員に自覚させることで，次の訪問ケースでの調査の力量の向上につながります。事例に潜む課題を把握できるかどうかは，調査員の能力次第です。最初の失敗を次の成功に結びつけるには，各調査班が１ケースのみではなく複数のケースを担当する体制をとりましょう。

3　事例調査の記述

　戸別訪問によって得た事例をどのように記述したらよいでしょうか。2011年の港区調査でも一次調査において個人を特定できていることから，二次調査の事例調査では，類型ごとの事例を記述することができます。その事例は，全体のなかでの位置づけが明確となっているのです。このことがこの事例調査の強みです。できれば，一次調査で量的なデータを把握し，そこから典型例を質的な側面から把握する，そのような調査を設計したいものです。調査の設計段階

で，調査実施に関係する団体，組織，機関の了承をいかにとるかが重要です。
この努力を惜しんではなりません。

　事例の記述は，類型ごとの典型例として掲載します。その際，共通の項目を
たてて，その項目ごとに記述するとよいでしょう。

　港区での調査では，二次調査で70ケースを得ることができました。類型ごと
に事例を抜粋して掲載しました。事例の柱は，①生活状況（住宅を含む），②本
人の生活歴，③家族や地域とのつながり，④生活上の不安や困りごとの４点と
しました。

　なお，事例を掲載するにあたって大切なことはプライバシー保護です。その
観点から，事例の内容に影響のない範囲で加工することは必要なことです。

　ここで，港区調査の事例として，全16類型からそれぞれ１事例を紹介しま
しょう。

■類型１　150万円未満×親族づきあいなし×近所づきあいなし
○男性　70代
１．生活状況
　築50年以上の賃貸アパートの２階に居住。風呂はなく，畳や壁，襖の傷みが激しい。
階段が急で，これまでに転げ落ちたことがあるという。本人は膝が悪く，杖歩行であ
る。血圧等で内科に通院しているほかは，サービスなどの利用はない。
　生活全般について，買い物など誰かに付き添ってほしいと思うのだが，相談センター
では「介護度がつかないと難しい」と言われ，今は自分でするしかない状況である。生
活リズムは規則的である。食事については，朝食はあるものですませ，昼食はファスト
フードを食べたり，食事をとらないこともある。夕食は買って来たものを食べている。
日中はやることがないので部屋で過ごすことが多いという。
　一次調査のデータでは，自身の経済状況について「余裕はないが生活していくには困
らない」と回答している。
２．本人の生活歴
　出身は九州地方。20年以上前に離婚して以後，いく度かの転居を経て港区へ移り住
む。当初は製造業に就いていたが，その後職を転々とし，都内では管理人の仕事などを
していた。
３．家族や地域とのつながり
　離婚後，家族とは会っていない。親戚などとも付き合いはない。正月三が日は毎年１
人で過ごしている。近所づきあいは，隣の人と話をする程度で，町会・自治会にも加入
していない。緊急時に来てくれるような人はおらず，警備会社と契約しているのみであ
る。

４．生活上の不安や困りごと

　近所に店がないため，週に１回，バスで区外へ出かけているが，杖を使っており，膝も痛いため，重いものを持つのがつらい。買い物への付き添いが欲しいと思っている。経済状況については，年金生活であり，不安はない。住宅について，都営住宅に何度も申し込んでいるがあたらないので，供給量を増やしたり，高齢者用の住宅を整備してほしいと思っている。

■類型２　150万円未満×親族づきあいなし×近所づきあいあり

○男性　70代

１．生活状況

　都営住宅の４階に住んでいる。老朽化はしていないが，風呂やトイレが狭くて使いづらい。自身の経済状況については，一次調査で「余裕はないが生活していくには困らない」と回答している。狭心症を患っており，手術後，通院を続けている。食事は１日１食のみで，昼すぎに外食ですませている。外出するのは通院するときと食事をするときだけで，日中は自宅でテレビを見るなどして過ごしている。時折カラオケの会に参加することもある。入浴などは自分でできるが，料理はまったくできない。

２．本人の生活歴

　関西地方出身。父親を戦争で亡くし，母に育てられた。高校卒業後，農家の手伝いを経て設計関係の会社に勤務。退職後，都営住宅に当選したことがきっかけで港区に転入してきた。婚姻歴はない。

３．家族や地域とのつながり

　兄弟はいるがまったく連絡を取っていない。近所の人とは会えば世間話をする程度のつきあいはしている。自治会に加入しているが，活動はしていない。緊急時に来てくれるような人はいない。

４．生活上の不安や困りごと

　経済的には年金で賄えるので心配はない。料理ができないため，将来，体が動かなくなってきたときに不安になる。

■類型３　150万円未満×親族づきあいあり×近所づきあいなし

○女性　70代

１．生活状況

　築30年以上の民間賃貸マンションの６階に居住。老朽化しているものの住宅設備に不満はない。ただし家賃が高い。自身の経済状況については，一次調査で「やや苦しい」と回答している。白内障の手術をした以外は健康で，毎朝体操をしている。生活リズムも規則正しく，住環境も気に入っている。いまも現役で仕事を続けている。

２．本人の生活歴

　関東地方出身。戦時中は小学生だったので，東北地方に疎開していた。戦後もそのまま東北に住み，就職もしたが，姉を頼って上京。仕事を見つけ，港区内に居住するよう

になった。結婚したことはない。

２．家族や地域とのつながり

　姉とは仲が良く，映画を見に行ったり一緒に旅行に行ったりしている。正月三が日は一人で過ごしているが，緊急時には姉が駆けつけてくれる。近隣の人とは挨拶をする程度。仕事をしているので時間や話が合わないと感じている。自治会の活動については知らない。

３．生活上の不安や困りごと

　近くに店がなく，買い物が不便である。自分は自転車に乗って買い物に行けるのでいいのだが，将来が少し心配。また，生活費については，年金だけでは足りず，持ち出しとなっている。家賃が高いので，都営住宅に入居したいと思っている。そうすれば年金のみで暮らせると思う。しかし，10年前から何十回と申し込んでもあたらないので困っている。

■類型4　150万円未満×親族づきあいあり×近所づきあいあり
○男性　70代

１．生活状況

　築20年の持ち家一戸建てに居住。以前，両目の白内障の手術をし，現在，緑内障も患っている。数年前から膝が悪く，ゆっくりであれば歩行はできるが畳に座るのはつらくなってきた。心臓にペースメーカーを入れており，身障者手帳を持っている。健康管理のため，粗食にするよう心がけている。食事は3食とも自炊している。風呂はいきいきプラザを利用し，バイクで通っている。生活リズムは規則正しく，夜8時ころには就寝，明け方に起床する。読書が趣味で，家では本を読んでいる時間が長い。買い物はやはりバイクで区外まで出かける。時々電車で遠出することもある。一次調査では，自身の経済状況について「かなり苦しい」と答えている。

２．本人の生活歴

　港区出身。現在の場所にずっと住んでいる。兄弟は妹が都外に住んでいる。中学卒業後からずっと大工をしている。結婚し子どもをもうけたが20年以上前に離婚している。

３．家族や地域とのつながり

　子どもが月1回程度様子を見に来てくれるので，緊急時にも駆けつけてくれると思う。近隣は昔からの住民も多く，付き合いは親密で，町会の役員もしていたことがある。今は役員はしていないが，何かと頼られることが多い。

４．生活上の不安や困りごと

　現在は年金のみで生活しているが，なんとか食べていける。以前はスポーツセンターに通ったりもしていたが，今は膝が悪く歩くのもつらいので行っていない。あちこち病気で悪くしているので，将来については不安がある。

■類型5　150万円以上200万円未満×親族づきあいなし×近所づきあいなし
○女性　70代

１．生活状況

築50年の民間賃貸マンションに居住。健康状態は良く，睡眠と食事に気をつけているという。サービスは利用していないし，利用したいと思わない。生活リズムは規則正しく，朝5時に起床，夜は11時ころ就寝。夕食は取らず1日2食である。日中は家事，買い物等に出かけ，午後は仕事をしている。家事は好きではないため，手助けがあれば助かるが，自分でできないというわけではない。買い物には2，3日に1度スーパーに出かける。一次調査のデータでは，自身の経済状況について「かなり苦しい」と回答している。

２．本人の生活歴

関東地方出身。兄弟は多い。結婚したことはない。若いころは音楽やスポーツなどの趣味に熱中し，大学を出たあとは幼稚園の先生を30年ほど勤め転職。海外に住んでいた時期もあったが，両親の介護のため帰国，看取ったあとも現住所にとどまっている。

３．家族や地域とのつながり

兄弟とは連絡を取り合っていない。近所づきあいは挨拶を交わす程度だが，このくらいがちょうどいい。あまり親密につきあうことは望んでいない。マンションの組合には参加しているが，町会・自治会には加入していない。緊急時には近所に住む教え子が来てくれ，この人とは週に何度かやり取りをしている。この10年ほど正月三が日は一人で過ごしている。1年のうち一人でのんびりできるのはこの時期くらい。

４．生活上の不安や困りごと

今はスーパーに買い物に行っているが，近くの商店がなくなっていくのは困る。訪問販売が多く，物価が高いなど，住みにくく感じることもある。ホームドクターがいないのは不安。仕事の収入と年金で生活しており，貯金がないことが不安。家賃の補助があればいいのにと思う。しかし，全体的には現状で満足していて，快適に暮らしている。

■類型6　150万円以上200万円未満×親族づきあいなし×近所づきあいあり
○男性　70代
１．生活状況

民間賃貸住宅の一室に居住。老朽化はしていないが，ワンルームで，ユニットバス。室内は雑然としている。一次調査のデータでは，自身の経済状況について「余裕はないが生活していくには困らない」と回答している。健康状態は内臓の病気をしており，あまり良くない。生活リズムは規則正しく，朝は4時頃起床，夜は9時頃就寝。食事は3回とるが，いずれも買ってきた簡単なもので済ませている。日中はテレビを見たり，昼寝をしたりして過ごし，社会参加活動はしていない。

２．本人の生活歴

関東地方出身。兄弟は多かったが，兄や姉はみんな亡くなってしまった。弟たちは生存している。小学生のときに終戦を迎える。高校卒業後は，しばらく地元で仕事をしていた。山が好きで，山小屋の仕事をしたこともある。その後，新聞配達の仕事をしながら関東各地を転々としたが，60歳のとき無職になり，バイクで仕事を探しに都心まで出

てきたものの見つからず，ホームレスとなった。生活保護を受け，現在に至る。

３．家族や地域とのつながり

離婚経験があり，子どもや元妻とは交流がない。近所づきあいもない（註：一次調査では「ときどき行き来するくらい」のつきあいがあると回答していたため，類型6に分類されている）。

４．生活上の不安や困りごと

今後のことを考えると，マンションの更新費や転居費用もないので不安である。具体的な不安というよりも，気力がなくただ生きているだけで，何故生きているのか疑問に感じている。社会に何の役にも立たない自分のような人間が生きていても仕方ないと思っている。

■類型7 150万円以上200万円未満×親族づきあいあり×近所づきあいなし

○女性 80代

１．生活状況

築40年以上の集合住宅に居住。持ち家である。建物は古いが，室内は整理整頓されている。風呂・トイレ・台所あり。数年前に入院して以来定期的に通院しているが，経過は良好で元気である。生活リズムは規則正しく，自宅とは別の場所に自身の店を構えており，午前中はその店の手伝いをしている。家事は自分で行っているが，買い物については知人に依頼している。年に数回程度，学校時代の友人と会って食事をしたりしている。経済状況は「やや苦しい」と感じている（一次調査回答）。

２．本人の生活歴

港区出身。兄弟の多い大家族で育つ。戦争中は都外へ一時疎開していた。学校卒業後は，飲食店経営や販売店などを手がけ，現在は小売店のオーナーである。現在のマンションには父親が存命中からずっと居住している。結婚したことはなく，ペットと暮らしている。

３．家族や地域とのつながり

生存している兄弟とは行き来があり，よく連絡を取り合っている。緊急時の支援者はその兄弟である。また，買い物については週に1回知人に頼んでいる。近所の人とは，マンションの別の階に住んでいる人とおすそ分けをしあうこともあるが，その程度。これ以上親密につきあいをしたいとも思わず，現状で満足している。町会はあると思うがわからない。

４．生活上の不安や困りごと

家事などには不便はないが，買い物だけは知人に買ってきてもらっているので自分で欲しいものを見て選ぶことができないのが不便である。将来については，体が動かなくなったら家事ができなくなると思うと不安である。また，自分が何歳まで生きられるのかわからないので，お金をどのくらい残しておけばいいかわからない。なるようにしかならないので，考えないようにしている。

■類型8　150万円以上200万円未満×親族づきあいあり×近所づきあいあり

○女性　80代

1．生活状況

　築20年以上の管理人住宅に居住。風呂はない。今年中に引っ越さなければならず，都営住宅の抽選を待っている。経済状況については「余裕はないが生活していくには困らない」と感じている（一次調査回答）。健康状態は良好で，仕事をすることが健康の秘訣だという。生活リズムは規則正しく，朝5時ころ起床，夜は9時すぎには就寝。朝食は自宅で，昼食は外食，夕食は買ってきた惣菜を食べている。日中は毎日仕事をしており，土日にたまった家事をこなし，そのあと自宅で過ごしている。

2．本人の生活歴

　関東地方の出身。戦争の前後に両親を相次いで亡くし，兄弟も他界した。残った他の兄弟は離ればなれになり，本人はある会社の経営者家族に育ててもらい，そのまま就職した。内縁関係にあった元夫との間に子どもがいる。子どもとの親交はあるが，元夫とは会っていない。

3．家族や地域とのつながり

　関東地方に住む子どもたちとは日々親交があり，緊急時にも駆けつけてくれる。近所づきあいについては，近所に住む友人と日常的につきあいがある。民生委員もよく知っていて交流がある。町会・自治会には参加していない。

4．生活上の不安や困りごと

　経済的には年金生活で，最低限あれば足りるので困らない。ただし，勤務先の会社がなくなるため，管理人住宅も出ていかなくてはならない。都営住宅にあたらないと生活が厳しくなってしまうので，あたるかどうかが不安である。

■類型9　200万円以上400万円未満×親族づきあいなし×近所づきあいなし

○女性　80代

1．生活状況

　築40年以上の集合住宅の7階に居住。持ち家である。室内はリフォームされておりきれいだが，居室が狭く，収納が少ないのが悩み。マンション内の他の部屋は事務所として利用している人が多い様子。一次調査のデータでは，自身の経済状況について「やや余裕がある」と答えている。健康状態は持病があり，あまり良くない。要介護度1である。月に1回通院している。介護保険でホームヘルパーを週3回利用，掃除をしてもらっている。生活リズムは，朝の起床はゆっくりで，昼食は朝食と兼用で取っている。夕食は夕方，どちらも自炊である。日中はほとんど外出せず，テレビを見て過ごしている。

2．本人の生活歴

　関西地方の出身。父親は会社を経営，兄弟の一番上だった。戦時中は会社の経営状況も良かったが，終戦後は景気が落ち込み，同業の会社が次々に倒産。父親の会社も倒産してしまった。専門学校で資格取得後，関西地方の会社に数年間勤務。20代のころ関東

へ転居し，会社員として勤務を続け，貯蓄をしてマンションを購入した。マンションの購入が港区への転入のきっかけである。結婚はしたことがない。

３．家族や地域とのつながり

　兄弟のうち１人は居場所がわかっているものの，音信不通である。そのほかの兄弟は20年以上連絡をとったことがないので生きているかどうかもわからない。緊急時に来てくれる人はいない。正月三が日はいつも一人で過している。近所の人とは挨拶程度のつきあいである。マンションの自治会に加入はしているが，活動はしていない。

４．生活上の不安や困りごと

　買い物は週に１回スーパーへ行くか，ヘルパーに依頼する。お店が少なくなり，あっても日用品を扱わなくなったりして不便に感じている。また，一人で行くのが大変である。経済的には，年金と預貯金で贅沢をしなければ不安はないが，一人の生活でさびしく不安で死にたくなる。「どうやったら楽に死ねるか」と考える。周りが相手にしてくれず，３，４日誰とも話をしないこともある。ヘルパーしか話し相手がいない。兄弟とも関係を断ち，友人を作ってこなかった自分が悪いと思っている。

■類型10　200万円以上400万円未満×親族づきあいなし×近所づきあいあり
○女性　60代

１．生活状況

　築浅の分譲マンションの３階に居住。室内は雑然としている。居室が狭く，台所が使いにくい。健康状態はあまり良くなく，不安神経症や呼吸器の疾患により，定期的に通院している。家事援助サービスを週１回利用している。生活は規則正しく，朝食は簡単に済ませている。昼食と夕食は買って来たものを食べている。経済状況については「やや苦しい」と感じている（一次調査回答）。日中は室内で家事をしたりテレビを見たりして過ごしている。ほかにはボランティア活動や教会に出かけている。

２．本人の生活歴

　港区出身。家族関係は複雑で，母親とは血がつながっていない。幼少のころ終戦を迎えた。都外で学校に通ったりしばらく仕事をしたあと，地元に戻って再就職をする。働きながら資格を取り，病院等で働く。結婚したことはない。母親は10年前に他界した。

３．家族や地域とのつながり

　家族はいない。母方の親戚が地方にいるが連絡をとったことがない。従兄弟や本家の親戚とはたまに連絡を取ったりしている。正月三が日はいつも教会と自宅で一人で過ごしている。近所づきあいについては，一人だけ年に数回行き来する友達がいるが，それ以外はない。町会・自治会には加入していない。地域のふれあいが欲しいと思っている。

４．生活上の不安や困りごと

　買い物は毎日スーパーに行っており，不便はない。経済的には年金暮らしで，将来税金や物価，医療費等が上がらないか不安に思っている。お中元，お歳暮，年賀状は送らないようにした。将来のことを考えると病気に障るので，できるだけ考えないようにしている。

■類型11　200万円以上400万円未満×親族づきあいあり×近所づきあいなし

○男性　70代

1．生活状況

　築40年の都営住宅の高層階に居住。西日がきついのでベランダに簾をかけている。バリアフリー工事をして段差をなくしてある。血圧が少し高いため，通院し，自分でも毎日血圧を測っている。また，10年ほど前から耳が悪くなり，補聴器をしており，障害者手帳を持っている。耳が悪いと人と会うのが億劫になり人づきあいをしなくなる。補聴器はわざと目立つものを使い，横を向いて補聴器を見せ，耳が悪いことをアピールするようにしている。一次調査のデータでは，自身の経済状況について「余裕はないが生活していくには困らない」と答えている。生活リズムは規則正しく，朝早く起床，夜早く就寝している。日中は，週に１度は妻が入所している施設に見舞いに行くが，他の日は買い物に行く程度で，あとは家でテレビを見て過ごしている。家事は自分でしている。

2．本人の生活歴

　港区出身。兄弟は多く，本人は長男であった。小学生のときに関東の地方都市へ家族で疎開した。中学卒業後，親戚の会社に勤め，30代の頃に転職，技術職として従事し定年まで勤め上げた。20代で結婚，子どもがいる。妻はパートで働いていたが，10年ほど前に病気で倒れ，今は施設に入所している。それ以来ひとり暮らしをしている。子どもの家族がよく様子を見に行ってくれている。

3．家族や地域とのつながり

　子どもとの連絡は密にあり，FAXで毎日体の様子やその日の予定などを送信している。妻の施設に見舞いに行くときの送迎もしてもらっている。正月三が日には子ども家族が遊びにきて，みんなでご飯を食べた。緊急時には子どもの家族が来てくれる。近所づきあいは挨拶をする程度。自治会に加入していて，以前は役員もやっていたが，今は耳が悪く人と話すのが面倒になり，やっていない。地域の敬老会などにも参加していない。民生委員との交流はある。

4．生活上の不安や困りごと

　買い物は，近くに商店街がないので区外の大型スーパーなどに出かけている。近所にスーパーがあればと思うが仕方がないと思っている。生活全般については子ども家族がよくしてくれているので心配がない。年金生活で不足はない。妻の施設の費用のことは子どもに任せている。将来は，もう少し妻の面倒をみたいと思っている。

■類型12　200万円以上400万円未満×親族づきあいあり×近所づきあいあり

○女性　70代

1．生活状況

　築数年程度の分譲マンションに居住。室内はバリアフリー化されている。集合住宅だが，玄関に続く廊下が細かく分かれ独立した印象で，同じ階でも横の部屋へは行けない構造になっている。経済状況については「やや余裕がある」と感じている（一次調査回答）。耳が悪く補聴器を使用しているが，その他は健康で，ラジオ体操や区の健康教室

に通い，運動を心がけている。生活リズムは規則正しく，1日3食だいたい決まった時間に取っている。日中はボランティア活動にでかけている。

2．本人の生活歴

　出身は信越地方。生育家族については，大陸から引き揚げてきたこと以外は回答がなかったため不明。結婚するまで数年間看護師をしていたこともあるが，20代で結婚後は専業主婦だった。港区には50年以上住んでいる。港区はサービスが良く，他区の友達からもうらやましがられるほどで，暮らしやすいと感じている。

3．家族や地域とのつながり

　夫は他界した。子どもは関東地方に住んでおり，週1回程度来る。孫を連れて遊びに来ることもある。金銭管理を頼んでいる。緊急時にも子どもが来てくれる。近所づきあいはあまりない。あいさつ程度である。建物の構造上，ほかの部屋に住んでいる人と顔を合わせる機会がなかなかない。町会・自治会には参加していない。

4．生活上の不安や困りごと

　スーパーも近く，毎日買い物に行けるので不便はない。駅やバス停も近い。経済的にも年金その他収入で賄えている。夫が亡くなってから気を使う必要がなくなり，自分の好きなことをして過ごせるので楽しい。いろいろなことをしたいと思っている。心配の種は健康面だけである。

■類型13　400万円以上×親族づきあいなし×近所づきあいなし

○男性　90代

1．生活状況

　築10年ほどの都営住宅に居住。室内はきれいに整頓されている。健康状態としては本人は「普通」だと感じている。入院や手術を経験，現在要支援2で，歩行器を使用している。そのほか定期的な通院をしている。ホームヘルパーと配食サービスを利用している。生活リズムは規則正しく，朝食は自炊，昼食は買ってきたものを食べ，夕食は配食サービスを利用している。日中は部屋でテレビを見ていることが多く，時々散歩することもある。昔はデイサービスに行っていたが，現在は社会参加はしていない。家事についてはヘルパーが掃除や洗濯のほか，散歩がてらの買い物に付き添ってくれる。一次調査のデータでは，自身の経済状況について「やや余裕がある」と答えている。

2．本人の生活歴

　東海地方の出身。父親は鉄道関係に勤め，転勤が多かった。兄弟は今も東海地方に住んでいる。健康状態が悪かったために徴兵されなかったので戦争には行かなかった。高校卒業後，製造業に長く勤める。現場勤務が長い。港区へは都営住宅に当選したのがきっかけで転入してきた。

3．家族や地域とのつながり

　妻は数年前に他界した。子どもはいるが連絡はほとんどとっていない。緊急時には子どものうち1人が来てくれると思うが，すぐにではないと思う。正月三が日は毎年一人で過ごしている。近所づきあいはあいさつ程度で，深いつきあいはない。自治会には加

入しているが活動はしていない。

４．生活上の不安や困りごと

　家賃が上がっているので，年金だけでは生活できなくなってきた。関東地方に土地を持っているが，維持費や税金で終わってしまう。将来の生活は一人きりなので不安や孤独感がある。施設に入りたいと考えるようになった。

■類型14　400万円以上×親族づきあいなし×近所づきあいあり

○女性　80代

１．生活状況

　築10年ほどの分譲マンションに居住。段差もなく住み心地はいいという。経済状況については「かなり余裕がある」と感じている（一次調査回答）。健康状態はよく，プールやストレッチに通って健康維持を心がけている。軽い脳こうそくを起こしたことがあり，外出時は杖を持って出かけている。子どもの送迎で通院をしている。生活リズムは規則正しく，食事は内容を工夫して３食自炊している。日中は室内で押し花などしている。以前は旅行もよくしていたが，今はあまりしなくなっている。

２．本人の生活歴

　関東地方の出身。実家は大きな商店を営み，店は忙しかったが暮らしぶりは裕福だった。学校を卒業後，結婚してからずっと港区に住んでいる。夫が亡くなったときに出身地へ戻りたいと思ったが，いまは港区の暮らしが気に入っている。

３．家族や地域とのつながり

　子どもは近くに住んでおり，買い物を頼むこともある。正月三が日は初詣に出かけている。近所づきあいは同じフロアの人とはよくつきあっている。近所の人に買い物を頼むこともある。町会費は払っているが活動はしていない。

４．生活上の不安や困りごと

　買い物は週に１回程度は自分で行き，そのほかは生協の宅配を利用したり，近所の人や子どもに買い物を頼んだりしていて，特に困ってはいない。荷物が重いときはタクシーを利用している。経済的にも将来的にも特に不安はない。

■類型15　400万円以上×親族づきあいあり×近所づきあいなし

○女性　80代

１．生活状況

　築年数が浅い民間賃貸マンションに居住。若いころに大病をしたが，今は健康状態は普通程度。外出するときは杖かカートを押して歩き，タクシーで移動している。家事援助や訪問リハビリのサービスを利用している。生活リズムは規則正しく，３食きちんと食べている。料理教室の講師をしており，その準備や勉強などで忙しくしている。一次調査のデータでは，自身の経済状況について「やや余裕がある」と回答している。

２．本人の生活歴

　関東地方の出身。父親は公務員だった。姉妹ばかりである。結婚後しばらくして港区

に転入し，いままでずっと住んでいる。

３．家族や地域とのつながり

子どもはそう遠くないところに住んでおり，緊急時にも駆けつけてくれる。正月三が日はみんなでホテルに宿泊したり食事をしたりして過ごす。近所づきあいは挨拶を交わす程度で，町会活動の内容は知っている。

４．生活上の不安や困りごと

買い物については，近くの商店がなくなってしまい不便になったので，生協やお店の配達などを利用している。そのほか，ヘルパーにも依頼している。港区の介護サービスには感謝している。経済的には不安はないが，将来料理をすることができなくなったらという不安は少しあり，老人ホームに入りたいと思っている。

■類型16　400万円以上×親族づきあいあり×近所づきあいあり
○女性　80代
１．生活状況

築15年程度の分譲マンションに居住。自身の経済状況については「やや余裕がある」と感じている（一次調査回答）。健康状態は中年期に手術をしたこともあるが，いまは普通程度。杖を使わずに歩行できる。マッサージにも通っている。ホームヘルプサービスを利用，掃除やゴミ出し，重いものを運ぶなどの家事を依頼している。給食サービスを利用しようと思い申し込んだが，好き嫌いがあったので数回でやめた。生活リズムは規則正しく，朝早く起きて体操をし，食事は自炊している。日中は新聞を読んだりテレビでスポーツ観戦をしたりして過ごす。また，歩くことが好きなので散歩にも出かけ，趣味の会にも参加している。週末は教会に行っている。

２．本人の生活歴

港区出身。父親が小売業を営んでおり，子どもの頃から，店の手伝いをしていた。専門学校に通って国家資格も取得している。結婚後も父の店で73歳まで働いていた。

３．家族や地域とのつながり

子どもと孫がいて，連絡をすればすぐに来てくれる。日常的支援も頼めるが，頼むと大ごとになるのであえてヘルパーに依頼している。正月の１日は一人で過ごし，教会に行ったりお雑煮を食べたりしているが，三が日のうちには家族が料理を持ち寄って集まって来てくれる。友人とは一緒に外出して食事をしたりしている。マンションの人とは挨拶をする程度だが，それ以上は必要ないと思っている。マンションで親しい友人を作ろうとは思っていない。マンションが町会に加入していて，祭りなどの行事があるようだが参加はしていない。民生委員は昔からの知り合いなので電話などで連絡を取ったりしている。

４．生活上の不安や困りごと

買い物する店も近く，便利で住みやすいので特に困っていることはない。オレオレ詐欺の電話がかかってきたこともあるが，機転を利かせて対応した。これからも趣味を広げていきたいと考えており，充実した毎日を送っている。将来寝ついてしまったときの

ことが不安ではある。

　以上は，港区の2011年のひとり暮らし高齢者調査の結果です。さて，二次調査のデータ内容は，調査によって異なっています。二次調査段階でもう少し詳しいデータを把握している鶴見区でのひとり暮らし高齢者調査の結果から1ケースのみ日記も含めて紹介しましょう。調査の設計，調査員の力量で，見えてくる生活実態はかなり異なってくることがわかります。

◆類型1　経済状況に関する意識「かなり苦しい」×正月ひとり×近所づきあいなし×緊急時の支援者なし×外出週1回以下
○男性　73歳
1．住宅状況
　住宅街にある2階建ての木造の賃貸民間アパート。2階の角部屋に住んでいる。専有のトイレ・台所あり。エアコン・扇風機・テレビあり。お風呂はない。部屋数は2部屋で合計7.5畳，日当たりは良好。1カ月の家賃は3万5000円。お風呂にはできるだけ入りたいそうだが（特に冬場は寒いので），1回400円と高いので，週1回が限度だそうである。銭湯は自転車で5分ぐらいの所にある。13年前に現在の所に引っ越して来た。特に困っていることはないとおっしゃっていたが，足が悪いようなので，外出の際の階段の昇り降りが大変なのではないかと思う。
2．就労状況
　最長職は冷暖房の配管工の仕事で，33歳から定年まで働いた。今は，仕事はしていない。
3．収　入
　年金額は月7万1000円で年間85万2000円。家賃，電気・ガス代（水道代は免除），銭湯代，電話代，食費で年金は手元には残らず，足りないときは貯金を切り崩している。
　一次調査では自分の経済状況についてかなり苦しいと回答している。
4．健康・身体状況
　ADLは大きな問題はないが，歯が抜けているため，上手く聞き取れないときがある。一人でバス・電車を利用して外出できると答えているが，一次調査の健康状態についてでは「健康ではない」と答えている。2001年，68歳のときに心臓のバイパス手術を行い，右足の大動脈を移植したため，手術以降足が悪くなったが，ゆっくりなら歩くことはできる。また腎臓が悪く，毎週月曜，水曜，金曜に人工透析を行っている。部屋に血圧測定器が置かれていたので高血圧の可能性もある。
　定期的に病院に通っているためか，毎年健康診断は受診している。煙草，飲酒の習慣はない。
5．生活歴

東北地方の出身で，中学卒業までは東北で過ごす。両親は製鉄関係の仕事をしていた。５人兄妹の２番目で，現在は両親と１番上の兄を亡くしている。３番目の弟は東京のパン屋で，４番目の妹はパーマ屋で働いており，５番目の妹は地方へ嫁いでいった。

中学卒業後，魚の加工の仕事のため北海道に行ったことがひとり暮らしのきっかけである。魚の加工の仕事は７〜８年従事し，21歳から31歳までは新潟や富山などでダム建設に携わり，クレーン車の運転などをしていた。32歳で上京し，川崎で建設関係の仕事に就いたが，１年で辞め，その後は定年まで関東一円で冷暖房の配管工の仕事に従事していた。

未婚で子どもはいない。中学卒業からずっとひとり暮らしである。

６．現在の生活

朝はだいたい５時には起床し，夜は21時には寝るようで規則正しい生活を送っているようである。人工透析の日は起床後すぐ食事を済ませ，７時30分には送迎バスに乗り病院へ向かい，家に帰ってくるのは３時頃になるそうである。その後は疲れてしまい，夕方まで寝るかテレビを見て過ごすようである。食事は自炊で，魚や肉を焼いたりして食べている。人工透析のない日は，たまにではあるが起床後，自転車に乗り散歩し，帰宅後朝食をとる。しかし，散歩に出ると疲れてしまい，夕方まで寝るか，テレビを見て過ごす。

一次調査の外出頻度では１週間に１回以下と答え，理由として家にいるのが好き，身体の不自由・健康上の心配が大きいということを挙げている。

７．親族，友人について

行き来している親族はいない。５年前の手術の際，兄妹が見舞いに来てくれたが，それ以降は金銭面で迷惑をかけたくないため会っていない。最後に連絡を取ったのは３年前である。

日頃行き来している友人はいない。

８．正月三が日の過ごし方

いつもと変わらず，一人で過ごした。

９．近所づきあい

同じアパートの人と顔を合わせたとき，挨拶をする程度。

10．社会活動

体の調子が悪い，費用がかかる，集団活動が苦手，おっくうであるという理由から社会参加団体や集まりには一切参加していない。

ただ神社やお寺を巡り，朱印を集めること，骨董品の収集の趣味があるらしい。今は集めてはいない。

11．地域環境

駅前の商店街で買い物ができるが，駅までは自転車で15分。途中，車道と歩道が分かれていない橋があり，危険であることと，行き帰りに長い坂があるので買い物は大変と話していた。アパートの裏にコンビニがあるので，たまに利用しているようである。ゴミ箱におにぎりのパッケージが捨ててあった。

12. 生活上の困りごと

　災害時，病気や身体の不自由なときにすぐ来てくれる人はいない。孤独感については，孤独を感じないわけではないが考えても仕方ないので考えないようにしており，諦めている部分がある。迷惑をかけたくないため，連絡を取りたい人もいないと答えていた。

　一次調査では災害時のこと，収入が少ないこと，健康のこと，体調を崩したときの身の回りのことを困っていること，心配事として挙げている。

13. 諸制度の利用状況

　介護保険，配食サービス，鶴見区社協あんしんセンターは利用していないが，サービスは知っている。ケアプラザについては何も知らないと答えている。あんしん電話サービスは利用しているが，仕組みや使い方はよくわからないと話していた。

　民生委員や区役所の方は知ってはいるが，迷惑をかけたくないため連絡は取っていない。

　一次調査では認知症予防，フットケア，生活習慣病予防の参加を希望している。情報は回覧板，広報，掲示板で収集している。

14. その他（調査員の所見等）

　部屋も整理されており，毎日規則正しい生活をし，自炊されているということだったので自立し，かつ自律している方という印象を受けた。ただ，しきりに「誰にも迷惑をかけたくない」，「自分の生活が苦しいのは自分が悪いのだから仕方ない」と話しており，自分を責めているところがあり，自分からサービスを利用するという意志はあまりないように感じた。あんしん電話サービスの設置はあったが使い方や仕組みがあまりわかっておらず，また使用する意志もあまりないように感じたため，設置されているから安心とは言えない。

　利用できるサービスがあっても，サービスの利用自体に抵抗があるので，こちら側から働きかける必要があるのではないだろうか。

　お風呂も週1回，食事も回数を少なくしているようだが，年金が少なく，足りないときには貯金を切り崩しての生活で不安定である。

　趣味であった，朱印収集や骨董収集の話をしているときは生き生きしており，楽しそうであった。週3回人工透析のため病院に通っているので完全に孤立しているわけではないが，趣味を生かせる地域活動が何かあれば地域との結びつきもでき，生きがいがもてるのではないか。また，昔集めた骨董品などが棚の上に置かれていたので地震が来たとき危険だと感じた。

　訪問の際，マンゴーを出してもてなしてくれたが，味が少しおかしかった。また，自炊しているということであったが，ゴミ箱にコンビニのおにぎりのパッケージも捨ててあったりした。栄養指導や食料の管理が必要なのではないか。

【日　記】

7月13日（木）

暑い中，明治学院大学社会学部の学生さん

調査，ご苦労さん。有難う御座いました。

朝　6時30分　起床

アパートの庭の草取り，約1時間30分

スーパーに行く

昼に外食　夕食6時

9時30分　休む

7月14日（金）

起床6時　朝食の支度

7時25分　人工透析のためクリニック

北朝鮮のミサイル発射の話題

昼食は食堂　美味しかった

夕食　6時

10時休む

7月15日（土）

6時起床　運動約1時間

朝めし　7時

ゼロ金利解除　低金利策継続　0.25％

昼めし　外食

夕めし　魚調理

9時30分　休む

7月16日（日）

6時起床

朝めし　7時

テレビからのニュース北朝鮮決議

一本化調整不調，英，ロ，などが修正案

昼めし

下着洗濯

夕食　魚調理

10時　休む

7月17日（月）

起床　5時30分

朝めし6時30分

昼めし

透析のため7時25分　クリニックへ

検査後　透析4時間　今日は疲れ休む

夕食　6時

10時　休む

7月18日（火）

起床　6時30分

運動　約40分間

朝めし　6時30分

本日　雨のため　予定中止

昼めし　12時

夕めしは野菜・豚肉いため

心臓病　透析の本見る

10時　休む

7月19日（水）

起床　5時30分

自転車で運動　約1時間

朝めし　6時50分

透析のためクリニック　7時25分

透析時間　4時間　血圧下がり疲れた

恒例の日帰りバス旅行の話有り

河口湖の予定　欠席

昼めし　2時

夕めし　7時

9時30分　休む

第Ⅲ部　データを活用する

分析から政策形成へ

第7章

生活分析から政策形成へ

1　問題の量と質

　本書では，生活分析の方法の1つとしての調査法について，実際に筆者らが調査の設計段階から関わった港区のひとり暮らし高齢者調査のデータを用いて解説してきました。

　調査によってみえてくる問題を分析する場合，考えなければならないことは，その量と質の2つの面です。まず，社会保障・社会福祉領域において対象を量的に把握する場合，幾つかの類型に分けて測定することが大切です。これは対象内にある貧困・格差をみることにもつながります。

　第Ⅱ部では，多変量解析の手法についても解説しました。課題をグループ化して分析するにはクロス集計がよく使われますが，この分析手法では，同時に処理できる変数の数は3〜4個が限度です。より多くの変数を一括して処理して分析するには，それなりの手法が必要となります。その手法としてあるのが多変量解析です。表7-1は，港区のひとり暮らし高齢者調査から選んだ18の変数リスト（調査の設問項目）です。これらの変数を一定の手法に一括投入して分析しましょう。

　ここでは，まず因子分析を行い，得られた因子得点を利用して，クラスタ分析を行います。その手順の詳細については，第Ⅱ部第5章ですでに説明してあります。ここでは結果と若干の注意点を述べます。

　まず，表7-1の18の調査項目について因子分析（探索的因子分析）を行いました。この因子分析を行う前に1つのデータ処理，すなわち「データの付け替え」をしました。具体的に説明しましょう。

　設問項目のQ37は意識を尋ねる設問で，表7-1にあるように全部で10問あります。各問とも回答はすべて「1.そう思う　2.まあそう思う　3.どちらとも

表7-1　因子分析に用いた2011年調査の調査項目（変数）

No.	設問番号	設問項目（変数）
1	Q8	健康状態
2	Q14	買物の頻度
3	Q25	近所づきあいの程度
4	Q33_01	外出頻度
5	Q34	外出時の会話の程度
6	Q37_01	今のくらしには張り合いがある
7	Q37_02	今のくらしにはストレスが多い
8	Q37_03	生活は充実している
9	Q37_04	生活していて不安や心配がある
10	Q37_05	趣味をしている時間は楽しい
11	Q37_06	友人との関係に満足している
12	Q37_07	近所づきあいに満足している
13	Q37_08	自分は頼りにされていると思う
14	Q37_09	周囲から取り残されたように感じる
15	Q37_10	将来の生活は安心できる
16	Q38	年間収入
17	Q39	預貯金額
18	Q41	経済状況の感じ方

いえない　4.あまりそう思わない　5.まったくそう思わない」の5つから選ん
でもらうものです。

　設問内容によって数値の多い方がプラス評価になるもの，反対にマイナス評
価になるものがあります。そこで，集計段階であらかじめ回答のデータの付け
替え（数値の大小の入れ替え）をし，10問すべてについて，数値が多い方がプラ
ス評価になるようにしたのです。設問によって，数値が多くてもプラス評価に
なったりマイナス評価になったりではわかりづらいからです。

　因子分析の結果を，表7-2と表7-3に示しました。表7-2のとおり，港
区のひとり暮らし高齢者の生活と意識を表す5つの因子を抽出することができ
ました。第1因子は「生活の満足」，第2因子は「経済状況」，第3因子は「人
間関係（コミュニケーション）」，第4因子は「不安・ストレス」，第5因子は「外
出・買い物の頻度」と名前をつけました。因子分析の結果は，ケースごとに因
子得点を出力し，保存することができます。

　この新たに保存された5つの因子の得点を用いて，次にクラスタ分析を行い

表 7 - 2　因子抽出時のパターン行列

	因　子					抽出した因子
	1	2	3	4	5	
Q37_01今のくらしには張り合いがある	0.981					第 1 因子： 生活の満足
Q37_03生活は充実している	0.896					
Q37_05趣味をしている時間は楽しい	0.488					
Q37_08自分は頼りにされていると思う	0.377		0.323			
Q 8　　健康状態	0.345					
Q41　　経済状況の感じ方		0.868				第 2 因子： 経済状況
Q39　　預貯金額		0.681				
Q38　　年間収入		0.603				
Q37_10将来の生活は安心できる		0.33				
Q25　　近所づきあいの程度			0.701			第 3 因子： 人間関係
Q37_07近所づきあいに満足している			0.688			
Q37_06友人との関係に満足している	0.359		0.447			
Q34　　外出時の会話の程度			0.391			
Q37_04生活していて不安や心配がある				0.821		第 4 因子： 不安・ストレス
Q37_02今のくらしにはストレスが多い				0.734		
Q37_09周囲から取り残されたように感じる				0.412		
Q33_01外出頻度					0.966	第 5 因子： 外出・買い物
Q14　　買物の頻度					0.375	

因子抽出法：最尤法
回転法：Kaiserの正規化を伴うプロマックス法。0.3以下の値は非表示。

ました。それによって，ケースを分類・類型化し，それぞれのクラスタ（類型）ごとのひとり暮らし高齢者の特徴をみることができるのです。後で示しますが，調査票の他の変数とクラスタのクロス集計によって，注目すべき事実を発見することができました。

　なお，ケースの分類にあたっては，SPSS Statisticsの「大規模ファイルのクラスタ分析」でクラスタ数 5 と設定した場合の結果を用いました（反復回数76回で収束）。

表 7 - 3　因子抽出時の構造行列

	因　　子				
	1	2	3	4	5
Q37_01今のくらしには張り合いがある	0.864	0.354	0.462	0.414	
Q37_03生活は充実している	0.823	0.43	0.407	0.438	
Q37_05趣味をしている時間は楽しい	0.568		0.543		
Q37_08自分は頼りにされていると思う	0.529		0.412		
Q8　　健康状態	0.494	0.303		0.395	0.34
Q41　　経済状況の感じ方	0.383	0.857		0.386	
Q39　　預貯金額		0.621			
Q38　　年間収入		0.59			
Q37_10将来の生活は安心できる	0.546	0.566	0.313	0.541	
Q25　　近所づきあいの程度	0.471		0.731		
Q37_07近所づきあいに満足している	0.602		0.647		
Q37_06友人との関係に満足している			0.577		
Q34　　外出時の会話の程度	0.493		0.54		
Q37_04生活していて不安や心配がある	0.342	0.359		0.792	
Q37_02今のくらしにはストレスが多い				0.674	
Q37_09周囲から取り残されたように感じる	0.455		0.377	0.513	
Q33_01外出頻度	0.303				0.96
Q14　　買物の頻度					0.368

因子抽出法：最尤法
回転法：Kaiserの正規化を伴うプロマックス法。0.3以下の値は非表示。

（1）因子得点に基づいた生活の類型化

　表 7 - 4 はひとり暮らし高齢者の生活類型ごとの因子得点をまとめたものです。因子得点には，平均値からの比較でA～Dの評価をしました。また，類型ごとに因子得点 5 項目の平均値を出し，その評価を総合評価としました。なお，因子得点は高ければ高いほど，その状況がよいことを示します。

● 5 つの生活類型の特徴

　表 7 - 4 を基に，ひとり暮らし高齢者の生活類型ごとの特徴を因子得点に基づいてみてみましょう。

◆類型 1 【多重困難型】

　類型 1 の【多重困難型】は，「人間関係が非常に悪く，経済状況も良くない

表7－4　ひとり暮らし高齢者の生活類型と因子得点の対応表

生活類型	高齢者像・その特徴	全体割合(%)	度数	総合評価（リスクの少なさ）		生活の満足		経済状況		人間関係		不安・ストレス		外出・買い物	
				評価	平均得点	評価	因子得点	評価	因子得点	評価	因子得点	評価	因子得点	評価	因子得点
類型1【多重困難型】	人間関係が非常に悪く、経済状況も良くないため、毎日の生活に強い不満やストレスを感じているタイプ	16.7	353	C	-0.992	D	-1.41	C	-0.748	D	-1.065	C	-0.801	C	-0.941
類型2【外出困難型】	外出状況に問題を抱えているが、経済状況、人間関係が良好で生活に一定の満足を得ているタイプ	23.6	498	B	-0.005	B	0.17	B	0.203	B	0.275	B	0.197	C	-0.868
類型3【経済困難型】	経済状況が悪く、不安を抱えているが、外出状況が良く、人間関係はあまり不満がない日常生活にはあまり不満がないタイプ	15.3	322	B	-0.242	B	-0.19	D	-1.007	B	0.271	C	-0.786	A	0.501
類型4【関係困難型】	人間関係には満足しているが、経済状況、外出状況が良いため、毎日の生活に不満を感じていないタイプ	18.9	398	B	0.04	B	-0.13	B	0.221	C	-0.531	B	-0.039	A	0.68
類型5【生活安定型】	金銭面でも人間関係でも不安はなく、ストレスも感じていない。毎日を豊かに生活しているタイプ	25.5	538	A	0.771	A	0.976	A	0.742	A	0.675	A	0.842	A	0.619

評価基準：A良い（0.5以上）、B普通（-0.5以上～-0.5未満）、C良くない（-1.0以上～-0.5未満）、D悪い（-1.0未満）
※総合評価は因子得点5項目の平均値の評価とする。

ため，毎日の生活に強い不満やストレスを感じているタイプ」で，全体の16.7％を占めています。類型１は，「生活の満足（−1.406)」「人間関係（−1.065)」「不安・ストレス（−0.801)」「外出・買い物（−0.941)」の４項目で５類型中で最も低い得点を示しており，評価もそれぞれＤ，Ｄ，Ｃ，Ｃと悪くなっています。また「経済状況」も−0.748と低く，経済的にも困難を生じています。総合評価の得点も最も低い−0.992でＣとなっており，５類型の中で最も生活リスクが高いタイプといえます。

◆類型２【外出困難型】

　類型２の【外出困難型】は，「外出状況に問題を抱えているが，経済状況，人間関係が良好で生活に一定の満足を得ているタイプ」で，全体の23.6％，５つの類型のうち２番目に大きいグループです。類型２は，「外出・買い物」の得点の低さ（−0.868）が示すように，外出状況がよくないという特徴がありますが，これは類型２の平均年齢の高さ（５類型中最も高い77.9歳，表７−５参照）にも起因すると考えられます。

　一方「経済状況（0.203)」「人間関係（0.275)」「不安・ストレス（0.197)」の項目は，すべて平均以上の良好な状態であり，それが外出状況の悪さを補って「生活の満足」の得点を上げていると考えられます（0.17)。総合評価の得点もほぼ平均値の−0.005で，評価はＢとなっています。

◆類型３【経済困難型】

　類型３の【経済困難型】は，「経済状況が悪く，不安を抱えているが，外出状況が良く，人間関係も良好で日常生活にはあまり不満がないタイプ」で，全体の15.3％，５類型中で占める割合は最も小さくなっています。また，経済状況が最も悪いグループです。「経済状況」の得点をみると，最も低い−1.007で，唯一のＤ評価となっています。

　この経済状況の悪さが日常生活における不安の要因となり，「不安・ストレス」の得点の低さ（−0.786)につながっていると考えられます。しかし，人間関係や外出状況については評価がそれぞれＢ，Ａと良好であるため，「生活の満足」の得点はそれほど低いものとはなっていません（−0.189)。したがって，類型３の総合評価得点は−0.242でＢとなっていますが，同じ総合評価がＢである類型２，類型４と比較すると，やや生活リスクが高いタイプと考えられます。

◆類型 4 【関係困難型】

　類型 4 の【関係困難型】は，「人間関係には満足していないが，経済状況，外出状況が良いため，毎日の生活に不満を感じていないタイプ」で，全体の18.9％と 5 分の 1 程度を占めています。「人間関係」の得点は－0.531と低いのですが，経済状況と外出・買い物状況が良好であるため，「生活の満足」の得点がそれほど低くならず（－0.133），生活全体としてはそれほど不満をもっていないと考えられます。総合評価はBで，平均得点（0.04）も 5 類型中で 2 番目に高くなっています。

◆類型 5 【生活安定型】

　類型 5 の【生活安定型】は，「金銭面でも人間関係でも不安はなく，ストレスも感じていません。毎日を豊かに生活しているタイプ」で，全体の25.5％を占めています。評価指標の 5 項目すべてで平均を大きく上回っており，いずれも得点は0.5を超えていて，評価はAとなっています。「生活の満足」「経済状況」「人間関係」「不安・ストレス」の 4 項目において， 5 類型中最も高い得点を示しています。類型 5 の人は，経済的にも人にも恵まれ，日常生活に満足しており，生活リスクも低いと考えられ，総合評価の得点も最も高い0.771でAとなっています。

　図 7 - 1 は，類型ごとに 5 つの因子それぞれの因子得点をレーダーチャート形式のグラフにしたものです。類型 1 【多重困難型】は各因子得点が低いのに対し，類型 5 の【生活安定型】は各因子とも得点が満遍なくよくなっています。この各レーダーチャートを見ることで，類型ごとの特徴が視覚的に把握できます。

　筆者は，類型 1 の【多重困難型】（全体に占める割合16.7％）と類型 3 の【経済困難型】（全体に占める割合15.3％）を合計した32.0％，つまり港区のひとり暮らし高齢者の 3 割は，貧困と孤立状態にあるとみています。

類型1【多重困難型】

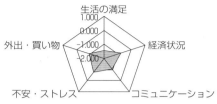

類型2【外出困難型】

類型3【経済困難型】

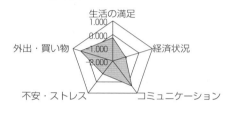

類型4【関係困難型】

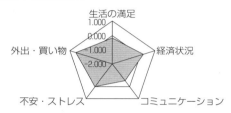

類型5【生活安定型】

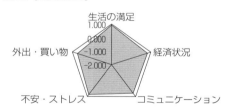

図7-1　生活類型ごとの因子得点グラフ

●5つの生活類型間に見られる格差

　表7-5は，因子得点をもとに，以上の5つの生活類型と「性別」から「区の福祉サービスを受給していない割合」までの12項目についてクロス集計をしたものです。

　生活類型間において占める割合に差がある項目についてみてみましょう，まず，性別では，類型1の【多重困難型】と類型4の【関係困難型】で男性が3割を超えています。それ以外の類型においては，男性の占める割合は1割から2割程度です。このように，いろいろな困難を抱えている高齢者，人的関係面

表7-5　ひとり暮らし高齢者の生活類型ごとの特徴

(%)

高齢者像・その特徴		類型1 [多重困難型／総合C]	類型2 [外出困難型／総合B]	類型3 [経済困難型／総合B]	類型4 [関係困難型／総合B]	類型5 [生活安定型／総合A]
		人間関係が非常に悪く、経済状況も良くないため、毎日の生活に強い不満やストレスを感じているタイプ	外出状況に問題を抱えているが、経済状況、人間関係が良好で生活に一定の満足を得ているタイプ	経済状況が悪く、外出状況を抱えているが、人間関係も良好で日常生活にはあまり不満がないタイプ	人間関係には満足しているが、経済状況、外出状況が良いため、毎日の生活に不満を感じていないタイプ	金銭面でも人間関係でも不安はなく、ストレスも感じていない。毎日を豊かに生活しているタイプ
性別	男性	33.1	11.5	22.8	34.1	16.4
	女性	66.9	88.5	77.2	65.9	83.6
平均年齢（歳）		76.7	77.9	74.6	75.0	74.8
平均居住年数（年）		34.7	39.7	36.3	36.9	35.6
持ち家率		41.4	61.2	35.0	66.6	71.9
健康状態	健康	9.3	29.3	28.9	38.4	71.9
	健康でない	53.5	22.5	27.3	12.3	3.9
要介護認定	有	31.0	21.0	10.7	9.9	6.0
	無	53.8	68.0	72.9	77.1	84.9
現在仕事率		12.4	20.6	28.8	28.6	37.1
未婚率		30.0	25.6	32.7	34.5	27.5
生存子有割合		53.4	58.3	49.0	50.4	56.3
社会参加有無	有	32.2	59.5	60.1	52.0	71.5
	無	67.8	40.5	39.9	48.0	28.5
社会参加意向	有	21.8	34.9	47.9	40.2	55.5
	無	47.8	31.2	21.0	30.2	22.3
区の福祉サービスを受給していない割合		53.9	65.5	68.8	71.4	72.9

※カイ2乗検定（有意水準±0.05）の結果、いずれの項目も有意であった。

で困難を抱えている高齢者は，男性が多いことがわかります。

　また，持ち家率については，類型３の【経済困難型】が35.0％，類型１の【多重困難型】が41.4％であるのに対し，【生活安定型】の類型５は71.9％と大きな格差があります。健康状態も，健康な人の割合は【多重困難型】の類型１が9.3％であるのに対し，【生活安定型】の類型５は71.9％となっています。昨今，健康格差がいわれていますが，ここでも生活上の格差が健康上の差を生み出していることがみえてきます。

　そのほかに社会参加をしている人の割合についてみると，類型１が32.2％であるのに対し，類型５では71.5％と，非常に大きな差となっています。生活困難を抱えている人ほど社会参加の程度が低く，ネットワークの希薄さがみえてきます。

　以上のとおり，類型ごとに明らかな違いがあるのです。

（２）生活類型ごとの具体的特徴

　以上の５つの類型は，どのような特徴をもっているのでしょうか。この特徴を述べ，さらにその類型ごとの典型事例を，二次調査の訪問面接で得られたものの中から選んで紹介しましょう。

　なお，ここには第６章ですでに紹介した二次調査の事例もあることをお断りしておきます。

類型１【多重困難型】：該当者数353人（16.7％）　　　男性33.1％，女性66.9％

　類型１の【多重困難型】は，男性の割合が２番目に高いグループで，33.1％が男性です（全体の男性割合は22.3％）。類型１の大きな特徴として社会参加状況の悪さがあります。地域の集まり等に参加していない人の割合は67.8％であり，さらに今後もその意向がない人の割合が47.8％となっており，ともに５つの生活類型の中で最も高くなっています。また平均居住年数が34.7年と最も短く，比較的新しい港区民がこの中には含まれると考えられ，それが社会参加状況の悪さにつながっている可能性があります。類型１のもうひとつの特徴として健康状態が悪いことが挙げられます。「健康でない」と回答した人の割合が５類型で唯一５割を超え（53.5％），要介護認定を受けている割合は31.0％と最

も高くなっています。

【多重困難型】の典型事例

　この事例の女性は，社会参加状況と健康状態の悪さに【多重困難型】の特徴が表れています。家族，親族とのつながりがまったくといっていいほどなく，友人とのつきあいもないのです。ヘルパーとの会話が唯一の他人とのコミュニケーションとなっています。また，要介護認定を受けているなど，健康状態もよいとはいえず，毎日を強い孤独感と不安のなかで過ごしているといえます。

〈女性　80代〉
■生活状況
　築40年以上の集合住宅の7階に居住。持ち家です。室内はリフォームされておりきれいですが，居室が狭く，収納が少ないのが悩み。健康状態は持病があり，あまり良くありません。要介護度1です。月に1回通院しています。介護保険でホームヘルパーを週3回利用，掃除をしてもらっています。生活リズムは，朝の起床はゆっくりで，昼食は朝食と兼用で取っています。夕食は夕方，どちらも自炊です。日中はほとんど外出せず，テレビを見て過ごしています。
■本人の生活歴
　関西地方の出身。父親は会社を経営，本人は兄弟姉妹の一番上です。戦時中は会社の経営状況も良かったのですが，終戦後は景気が落ち込み，同業の会社が次々に倒産。父親の会社も倒産してしまいました。専門学校で資格取得後，関西地方の会社に数年間勤務。20代のころ関東へ転居し，会社員として勤務を続け，貯蓄をしてマンションを購入しました。マンションの購入が港区への転入のきっかけです。結婚はしたことがない方です。
■家族や親族，友人とのつながり
　弟妹のうち1人は居場所がわかっているものの，音信不通です。そのほかの弟妹は，20年以上連絡をとったことがないので生きているかどうかもわからない。緊急時に来てくれる人はいない。正月三が日はいつも1人で過ごしています。近所の人とは挨拶程度のつきあいです。マンションの自治会に加入はしていますが，活動はしていません。
■生活上の不安や困りごと
　買い物は週に1回スーパーへ行くか，ヘルパーに依頼しています。お店が少なくなり，店があっても日用品を扱わなくなったりして不便に感じています。また，1人で行くのが大変。経済的には，年金と預貯金で贅沢をしなければ不安はないけれども，1人の生活でさびしく不安で死にたくなるとのこと。「どうやったら楽に死ねるか」と考えるそうです。周りが相手にしてくれず，3，4日誰とも話をしないこともあります。ヘ

ルパーしか話し相手がいません。弟妹とも関係を断ち，友人を作ってこなかった自分が
悪いと思っています。

類型2　【外出困難型】：該当者数498人（23.6％）　　　男性11.5％，女性88.5％

　類型2の【外出困難型】は，5つの類型の中で平均年齢が77.9歳と最も高く，
また女性の割合が88.5％と最も高いグループでもあります。なお，全体の女性
の割合は77.7％となっています。平均年齢が高いためか，「健康でない」「要介
護認定を受けている」と回答した割合がそれぞれ22.5％，21.0％と他の類型と
比べやや高くなっています。平均居住年数が39.7年と長く，地域の集まり等に
参加している割合は59.5％と，平均の56.7％を上回っていますが，今後の参加
意欲があると回答した人は34.9％で平均の40.9％を下回っています。このこと
から，今までは社会参加をしていたが，高齢化による衰え等でその意欲が減退
してきている人々がこの類型に含まれていると推測されます。生存子がいると
回答した割合は5類型中最も高く，58.3％でした。

【外出困難型】の典型事例

　年齢が80歳を超えているこの女性は，緑内障という身体的な事情で外出が困
難になっています。1人では外を歩くことができないほど目が悪く，ほかに糖
尿病も患っており，健康状態はよくありません。ただし，緊急時には姪が助け
てくれるようで，教え子との交流もあり，人間関係は安定しているようです。
加齢により外出は制限されていますが，人間関係や経済状況などに一定の満足
を得ており，【外出困難型】の典型例といえます。

〈女性　80代〉
■生活状況
　築数年の賃貸マンションに居住。本人の家賃負担はなく，夫の死後，親戚の好意で借
りてもらっています。自身の経済状況については，一次調査で「余裕はないが生活して
いくには困らない」と答えています。交通の便は良いが，緑内障を患っており，ひとり
で外出することができません。室内も杖歩行です。日中は室内にいることが多いとのこ
と。糖尿病も患っており，月2回病院に通っています。週2回，ヘルパーを利用。料理
の下ごしらえや買い物などをしてもらっています。生活リズムは規則正しく，3食とも
カロリー計算されたものを食べています。昔，音楽を教える仕事をしていたことがあ
り，教え子が時々家に遊びに来ます。現在もボランティアでコーラスを受け持っていま

す。
■本人の生活歴
　関東地方出身。親の代から教員です。一次調査で「結婚したことがある」と回答しています。
■家族や親族，友人とのつながり
　現在つきあいのある親族は姪で，なにかと助けてもらっています。しかし都外に住んでいるため，緊急時は姪よりもヘルパーの方が到着が早い。正月三が日は一人で過ごしています。近所づきあいはまったくないが，このマンションに住んでいる人はあまり近所づきあいをしたいとは考えていないと思う。回覧板もなく，自治会についてはよくわからないが，連絡事項は管理事務所から直接来ています。
■生活上の不安や困りごと
　近くにお店があるので，自分で買い物に行くこともありますが，目が悪く商品の札が読めません。決まったものだけなら自分で買えるが，そのほかの買い物は人に頼むしかない。また，今は親戚の好意でここに住んでいますが，いつまでここにいられるのかはわからないので，物件を探したいと思っている。以前，高齢者を狙った詐欺に遭ったこともあり，心配とのこと。

類型 3 【経済困難型】：該当者数322人（15.3％）　　男性22.8％，女性77.2％

　類型 3 の【経済困難型】は，持ち家率が35.0％と最も低いグループであり，経済状況に困難を抱える人が含まれていることを裏づけています。平均年齢は最も低い74.6歳でしたが，健康状態は比較的悪く，自分自身の健康状態について「健康でない」と回答した割合が27.3％と 2 番目に高くなっています。一方，社会参加には意欲的で，現在地域の集まり等に参加している割合が60.1％と高く，47.9％の人が今後も参加したいと回答しています。また，この類型 3 は未婚率が32.7％と高く，生存子がいると回答した割合が49.0％と唯一半数に満ちていません。男女割合はそれぞれ22.8％，77.2％で，全体の男女割合（22.3％，77.7％）とほぼ同じでした。

【経済困難型】の典型事例

　【経済困難型】の特徴をもつ事例として，ここでは生活保護を受給している70代女性を収載しましょう。生活保護を受給しなければならないほど経済状況が悪く，居住している賃貸マンションも築50年を超えています。それらについての不安は大きいようです。普段の生活では特にボランティアに積極的に携わっており，精力的に活動をしています。そのためか友人関係は良好で，緊急

時には友人が来てくれるとのことです。

〈女性　70代〉

■生活状況

　築50年以上の賃貸マンションに居住。周辺にはスーパー2軒にコンビニもある。生活保護を受給しており，自身の経済状況については，一次調査で「かなり苦しい」と答えています。健康状態は，深刻な状況にはないが，坐骨神経痛で単発的に通院しています。現在は，毎日仕事やボランティア活動をこなしており，スケジュールは隙間なく埋まっています。正月三が日も仕事をしていたとのことです。

■本人の生活歴

　海外出身。小学生のときに日本へ帰国し，関東に住む。若い頃は会社勤めをしており，結婚もしましたが，のちに離婚。離婚後は起業もしたが，それもリタイヤし，現在はNPOを立ち上げて子育て支援を行っています。

■家族や親族，友人とのつながり

　緊急時には，自分の家から自転車で15分くらいのところにいる友人が来てくれるとのこと。近所づきあいは挨拶程度ですが，同じマンションに事務的なことをしてくれる人がいる。自分の担当地区の民生委員を知っており，相談もしているとのこと。

■生活上の不安や困りごと

　とにかく経済状況が苦しいため，都営住宅に入りたいと思っている。また住宅の耐震性に不安を持っていることもあり，早く今の場所から引っ越したいと考えています。

類型4【関係困難型】：該当者数398人（18.9%）　　　男性34.1%，女性65.9%

　類型4の【関係困難型】は，男性の割合が34.1%で最も高いグループです。健康状態はよく，自分自身が「健康である」と回答した割合が38.4%と約4割にのぼり，要介護認定を受けている人も9.9%と1割に満たない。またこの類型4は類型3と同様，未婚率が高く（34.5%），生存子がいると回答した割合が50.4%と低くなっています。社会参加については，現在参加している割合は5類型の中で2番目に低い52.0%ですが，今後の参加意向は40.2%があると回答しています。

【関係困難型】の典型事例

　この事例の女性は，区の健康トレーニングにも参加するなど健康維持に熱心で，現在のところ介助等も必要としていません。しかし，親族との交流が非常に少なく，子どももいないため，将来に不安を感じているようです。近所づき

あいもなく，他人との関係がほとんど切れていることから【関係困難型】の例として挙げることにしました。今後年齢を重ねたときに非常に不安な事例といえるでしょう。

〈女性　70代〉
■生活状況
　築40年以上の分譲マンション（持ち家）に居住。エレベーターはないが，今のところ元気なため困っていません。自身の経済状況については，持ち家で家賃の支払いもないので，今のままの健康状態であれば心配はない。住宅周辺は細い道が入り組んでいる場所で車の交通量が少ないため，非常に閑静。ただ買い物をする場所が近くにありません。白内障の手術をしたことがありますが，健康で介助は必要はなし。区の健康トレーニングには熱心に参加しています。
■本人の生活歴
　中国地方出身。教員をはじめとして様々な職業に就いたことがあります。東京に移り住んだのは，30歳ごろ。結婚歴はあるが，子どもはいません。弟と妹がいます。
■家族や親族，友人とのつながり
　緊急時には妹が来てくれると思うが，普段は年に数回連絡を取り合う程度。正月三が日も一人で過ごした。近所づきあいもなく，町会・自治会の存在も知らない。
■生活上の不安や困りごと
　将来が非常に不安。今は元気だからよいが，兄弟は遠いところに住み，近所づきあいもないため，普段自宅に訪ねてくる人がまったくいない。そのため発作などが起きたときが心配。ただ身体が動けなくなっても，今の家にいたいと思っています。

類型5 【生活安定型】：該当者数538人（25.5％）　　男性16.4％，女性83.6％

　類型5の【生活安定型】は，生活類型2と同様，女性の割合が高いグループで，83.6％が女性です。持ち家率が71.9％と5つの類型中最も高く，自身が「健康である」と回答した割合，現在地域の集まり等に参加している割合もそれぞれ71.9％，71.5％と最も高くなっています。類型1とは逆に経済状況や人間関係などあらゆる面で生活状況が良好であり，日常生活におけるリスクはきわめて少ないといえます。

【生活安定型】の典型事例
　【生活安定型】の典型例として挙げたのは，マンション管理組合の理事長をしている70代の女性です。この女性は健康状態が良好で，持ち家もあるため，

経済的にも不安はないようです。普段はマンション管理組合の理事長として行事の企画や実施を行っており忙しい。近所とも良好な関係を築いているようです。災害に対しての一般的な不安はあるようですが，全体として生活は安定しているといえるでしょう。

〈女性　70代〉
■生活状況
　築40年以上の分譲マンション（持ち家）に居住。以前に大規模修繕をしており，室内はきれい。住宅に関して困っていることはない。住宅周辺には，古くからの商店と新しいマンションが混在しています。生活リズムは規則正しく，3食自炊で23時までには寝ています。人の世話をするくらい健康状態も良好で，毎朝ラジオ体操に出かけています。経済的にも贅沢をしなければ不安はないとのこと。

■本人の生活歴
　中部地方出身で，父親は自営業をしていました。兄と弟の3人兄弟で，本人が4歳のころに終戦となった。社会人になった後，東京に出て結婚しましたが，離婚。子どもはいません。長らく芸能関係の仕事に就いていましたが，40代のときに独立し，事務所を設立しています。その事務所はすでに解散しているとのこと。

■家族や親族，友人とのつながり
　近所の人とは楽しくつきあっています。マンションの管理組合の理事長をしており，様々な行事を開催したり，情報発信をしたりするなど積極的に活動しています。行事内容は，俳句の会合やウォーキング，旅行など。正月三が日も友人と過ごしています。中部の実家に帰ることもあるとのこと。

■生活上の不安や困りごと
　家の近所に買い物をするお店が少ないことや災害に関することなど，一般的な不安はあるとのこと。

　以上5つの類型ごとの割合から港区の実質ひとり暮らし高齢者全数（母数）5656人を基礎に，それぞれの類型において人数がどのくらいになるかを計算してみましょう。なお，数値は四捨五入しているので，合計は合いません。

　　類型1【多重困難型】　　　全体の17％，母数推計値962人
　　類型2【外出困難型】　　　全体の24％，母数推計値1357人
　　類型3【経済困難型】　　　全体の15％，母数推計値848人
　　類型4【関係困難型】　　　全体の19％，母数推計値1075人
　　類型5【生活安定型】　　　全体の26％，母数推計値1471人

繰り返しになりますが，筆者は，類型1の【多重困難型】と類型3の【経済困

難型】ひとり暮らし高齢者は貧困と孤立の問題を抱える層と考えています。そして，その割合は全体の約 3 割（32％）を占めていました。

（3）生活歴ということ

　高齢期の生活の現実は，現在の諸条件によって決まるだけではありません。それまでの生活歴が大きな影響を与えています。その意味で事例調査の場合，生活歴を丁寧に聞き取ることが大切です。

　聞き取り項目については，例えば，①生まれたところ，②両親の職業，生活状況，③調査対象者の学歴，④最初に就いた仕事，そしてその後の仕事（居所の移動状況），⑤結婚した頃の状況，⑥子どもの数，⑦子どもが就職する頃の調査対象者本人の生活状況，⑧退職した頃の生活状況，⑨現在の状況等を挙げることができるでしょう。これらの項目は，質問するには非常に難しいものばかりです。調査対象者との信頼関係ができないと質問することができません。訪問時に対象者とのよい関係が構築できるかで聞き取り内容が決まります。

　本書の第 6 章の最後に，横浜市鶴見区の73歳の男性の事例を紹介しました。この調査では，訪問時に信頼関係ができて，かなり突っ込んだ内容の聞き取りができました。その結果として 1 週間の日記もつけていただくことができたのです。すでに本書で紹介しましたが，次のような内容でした。

　この男性は，現在，年金額月 7 万1000円，お風呂のない家賃 3 万5000円の木造の賃貸民間アパートに住んでいます。最長職は冷暖房の配管工で，33歳から定年まで働いたそうで，今は仕事はしていません。行き来している親族はいません。5 年前の手術の際，兄妹が見舞いに来てくれたが，それ以降は金銭面で迷惑をかけたくないため会っていないとのことで，最後に連絡を取ったのは 3 年前です。また，日頃行き来している友人はなく，正月三が日の過ごし方も「いつもと変わらず，一人で過ごした」とのこと。近所づきあいは，同じアパートの人と顔を合わせたときに，挨拶をする程度です。社会活動については，体の調子が悪い，費用がかかる，集団活動が苦手，おっくうであるという理由から社会参加団体や集まりには一切参加していないそうです。

　この方の現在の状況を理解するには，生活歴が重要となります。この方は，東北地方の出身で，中学卒業までは東北で過ごしました。両親は製鉄関係の仕

事をしていたそうです。５人兄妹の２番目で，現在は両親と１番上の兄を亡くしています。３番目の弟は東京のパン屋で，４番目の妹はパーマ屋で働いており，５番目の妹は地方へ嫁いでいったとのことです。

　中学卒業後，魚の加工の仕事のため北海道に行ったことがひとり暮らしのきっかけだそうです。魚の加工の仕事は７〜８年間従事し，21歳から31歳までは新潟や富山などでダム建設に携わり，クレーン車の運転などをしていたとのことです。32歳で上京し，川崎で建設関係の仕事に就きましたが，１年で辞め，その後は定年まで関東一円で冷暖房の配管工の仕事に従事していたそうです。未婚で子どもはいない。中学卒業からずっとひとり暮らしとご本人がおっしゃっていました。

　中学卒業で家を出て以来，ひとり暮らしで，未婚，仕事は建設関係，そして配管工という不安定なものでした。この背景が現在の貧困と孤立状態を条件づけています。このことは，生活歴を知らなければわかりません。調査のなかで，生活歴をきちんと把握することが求められるのです。

（4）生活を類型化する方法について

　これまで実施してきた筆者の調査では，２段階の調査を行ってきました。すなわち，一次調査としての量的把握のためのアンケート調査と，二次調査としての類型化に基づく典型事例についての訪問面接調査です。類型化をどのように行うのかについては，筆者自身，試行錯誤をしてきました。

　本書で使用してきた港区のひとり暮らし高齢者調査では，まず階層的に類型化しようと，収入を基礎にし，その上に家族・親族ネットワークの有無と近隣ネットワークの有無という３つの指標を設定しました。第Ⅱ部第６章で紹介したように，収入で４区分（①150万円未満，②150万円以上200万円未満，③200万円以上400万円未満，④400万円以上），家族・親族ネットワークの有無で２区分，近隣ネットワークの有無で２区分，全部で16類型を設定し，一次調査で個人が特定できるケース（二次調査に同意している人）の中から選んで訪問したのが二次調査です。

　以上の類型化の方法は，指標の数が多くなく，類型化の過程がよく見えるものです。ある意味で単純な方法ですが，調査結果で得られた類型ごとの典型例

は適切なものでした。

　他方，本章で述べてきた因子分析で得た因子得点をもとにクラスタ分析を行い分類したのが，5つに分類された生活類型でした。それぞれの全体での構成割合を見ると，類型1【多重困難型】が17％，類型2【外出困難型】が24％，類型3【経済困難型】が15％，類型4【関係困難型】が19％，類型5【生活安定型】が26％となっていました。

　この5つの類型の典型例は，事後的に詳細分析として二次調査で得られたケースから引き出して記述したものです。類型化の手法として多変量解析を使っており，類型化のための変数量が18項目と多く，高度な分析となっています。対象の類型を大きく分類し，その量を全体の中で測定するには，この方法は有効です。類型化する際に，類型に含まれるデータ量が多いこと，つまり，調査の設問の18項目をベースに類型していることは強みです。

　しかし，二次調査として訪問面接ケースを選ぶ際には，5類型のみでは，そこに含まれるケース数が多く，どのケースを訪問ケースにするかの選択が困難です。それぞれの該当者数は，類型1【多重困難型】が353人，類型2【外出困難型】が498人，類型3【経済困難型】が322人，類型4【関係困難型】が398人，類型5【生活安定型】が538人でした。

　筆者はこれまで事例を選定する際，二次調査で行ったような幾つかの指標を定めての分類をしてきましたが，ここで示した5類型の中から条件を設定して事例ケースを選ぶ方法もあるでしょう。

2　調査で把握された事実から政策形成へ

　第Ⅰ部第1章で述べたように，調査による生活の分析作業は社会保障・社会福祉の対象を把握することの一環です。対象把握をめぐってとりわけ大切なことは，制度対象外の問題，あるいは制度の枠を超えた対象をみることです。なぜなら，社会問題の一定部分は制度対象外となっているからです。制度が部分的な位置にあるということです。

　制度を利用している人は専門家とつながっていますから，制度をまったく使っていない人よりは，まだ条件がよいということができます。問題を抱えて

いても助けてと言わない人々は，地域に潜在化しています。調査によって，そうした潜在的問題を顕在化させ，問題の政策的解決，あるいは問題解決のための地域活動・運動の方向性を考える素材を提供することができるのです。調査は，政策形成のための重要な手段といえます。

　さて，本書で使用してきた港区におけるひとり暮らし高齢者の調査結果から，港区は新たな政策を生み出すことになりました。2011年2月，港区は行政の研究機関として「港区政策創造研究所」を新たに設置しました。筆者が所長として就任しました。研究所としての最初の調査が，本書で紹介してきた港区のひとり暮らし高齢者に対する悉皆調査です。

　調査の準備段階から，「港区ひとり暮らし高齢者調査関係者会議」を設置し，研究所の研究員とともに関係する行政の担当者（係長，課長）と調査の設計から分析までの作業を行いました。この関係者会議の構成メンバーは16名でした。調査による実態把握から政策形成の実現にとって，この関係者会議での議論はとても重要だといえます。幸いなことに，この関係者会議が調査で得られたデータからすぐに新たな政策を打ち出す土台となりました。

　調査関係者会議で分析した結果，港区で孤立し，声をあげない，地域に潜在化しているひとり暮らし高齢者，とりわけ諸制度をまったく利用していない高齢者が問題として取り上げられたのです。港区ではすでに，ひとり暮らしの高齢者を支援するために「ふれあい相談員」事業を2011年6月に創設し，区内の一部地域でモデル的に活動をスタートさせていましたが，この調査結果を受けて，2012年4月から区全域をカバーできるよう事業を拡大し，10名の相談員を配置することが決定されたのです。

　この制度の対象は，介護保険や福祉サービスをまったく利用していないひとり暮らし高齢者です。サービスを利用していない人をリストアップした結果，約3500人となりました。サービス内容は，相談員が一軒一軒訪問して区の福祉サービスにつなげるなどの支援を行うものです。生活困難を抱えているにもかかわらず制度の利用につながっていない人々に対し，行政側からアプローチしようとする新たな試みです。アウトリーチのシステムといえます。

　この制度の財源は，東京都の補助事業である「東京都見守り相談窓口設置事業」を利用しています。2016年度，東京都はこの事業に4億9879万円の予算を

組んでいます。2016年7月時点で，この事業を利用している自治体は18区市町に過ぎません。

　さらに，港区政策創造研究所は2012年に75歳以上の高齢者を含む2人世帯の調査を実施しました。その調査結果から，家族と同居している世帯の問題は，地域の目が届きにくく，支援が必要な世帯が少なくないことがわかりました。世帯構成員が2人いるということは，相互に支え合う面がある一方，構成員の1人が問題を抱えても，もう1人の支えによって，世帯単位でみると問題がないようにみえることがあるのです。こうした世帯内に潜在化している問題に注目したのです。この課題に対応するため，2013年度からは，ふれあい相談員の訪問対象に「複数の75歳以上の高齢者のみで構成される世帯」（約1600世帯）が加えられ，相談員も11名に増員されました。

　表7-6は2015年度のふれあい相談員の活動実績です。ひとり暮らし高齢者の訪問対象者数が4490人，面会率が94.2％，75歳以上の高齢者のみ世帯の訪問対象世帯数が1561世帯，面会率が96.9％となっています。相談員の訪問により，介護保険や区の高齢者サービス等につなげた件数は，全体で1491です。その主な内訳をみると，「救急キット」が最も多く735件，ついで「相談センター」が268件，「介護保険認定申請」が102件となっています。

　さて，ひとり暮らし高齢者調査の結果を受けて，もう1つ政策化されたのが「高齢者買い物支援事業」です。この事業は2012年度に開始されました。その内容は，近隣に日用品を購入できる店舗が少ない，重い購入品を運ぶことができない等，日常の買い物が困難な状況にある高齢者に対して買い物支援を行うものです。現在，区内の「いきいきプラザ」2カ所で実施されています。注文された米・飲料水等の重たい商品や持ち運びが大変な商品を，「いきいきプラザ」に販売コーナーを設置し，買い物のお手伝いをし，また購入品を自宅まで運搬するサービスも実施しています。商品は地元の商店から供給を受けるようにして，地元商店の振興策にも位置づけています。

　諸制度がカバーできていない地域の課題を調査のなかで明らかにし，それらの課題に対し新たなサービスを展開する地方自治体の取り組みとして注目に値するものといえます。

表7-6　2015年度ふれあい相談員の活動実績（2015年4月～2016年3月）

1　訪問活動の実績

項　目		説　明	芝	麻布	赤坂	高輪	芝浦港南	合計
ひとり暮らし高齢者	訪問対象者（人）	介護保険や区の高齢者サービス等の利用がないひとり暮らし高齢者	793	905	870	1,169	753	4,490
	面会人数（人）（実数）	相談員が対象者宅を訪問し，本人および関係者と面会できた人数	788	802	811	1,091	736	4,228
	面会率（％）	訪問率＝面会人数／訪問対象者	99.4	88.6	93.2	93.3	97.7	94.2
75歳以上高齢者のみ世帯	訪問対象（世帯）	介護保険や区の高齢者サービス等の利用がない高齢者のみ世帯	287	304	285	455	230	1,561
	面会世帯数（世帯）（実数）	相談員が対象者宅を訪問し，本人および関係者と面会できた人数	285	290	273	435	229	1,512
	面会率（％）	訪問率＝面会人数／訪問対象者	99.3	95.4	95.8	95.6	99.6	96.9
訪問件数（件）（延数）		相談員が訪問した延件数	2,915	3,401	2,503	3,749	2,448	15,016
見守り継続者数（件）		心身の理由等で継続見守りが必要な高齢者数	21	13	47	87	28	196
支援につなげた件数（件）		相談員の訪問により，介護保険や区の高齢者サービス等につなげた件数	391	183	236	379	302	1,491
相談件数（件）		本人，家族，近隣住民，民生委員，関係機関等と相談した件数	3,234	492	879	1,954	1,953	8,512

2　支援につなげた件数の内訳（件）

	介護保険認定申請	緊急通報システム	配食サービス	家事援助サービス	訪問電話	救急キット	病院受診	相談センター	いきいきプラザ	ごみ戸別訪問収集	その他	計
合計	102	41	34	13	6	735	16	268	19	3	254	1,491

3　社会福祉協議会・民間団体と調査

（1）社会福祉協議会と調査

　社会福祉協議会は，1951年に「民間の自主的組織」としてスタートし，今日に至っています。大きな意味ではボランタリー・アクションの系譜に属する団体です。この流れの源流としては，イギリスの1800年代後半に生まれた慈善組織協会Charity Organisation Society（C.O.S.）とロンドンの下町である東地区（イースト・エンド）において大学生が創設したセツルメント運動（Social Settlement Movement）が挙げられます。

　当時のイギリスは，貧困問題に対して国家は消極的施策（1834年の新救貧法は，その典型）を展開するのみでした。当時は，自由放任主義を基調とした貧困の個人責任が強調されていました。しかし，現実のイギリスの労働者の生活は，問題が深刻化していました。この状況に対し，C.O.S.やセツルメント運動が現実的対応をしました。政策が対応しない諸問題を，当時のボランタリー・アクションが自主的に多様な解決活動を展開したのです。

　この2つの民間団体は，ともに当時の上層階級の運動でした。C.O.S.の活動は処遇論の発展に貢献しました。セツルメント運動については，高島進が「彼らがまじめな民主主義者で社会の矛盾を正面から受けとめたことにより，労働運動がなお未組織のままに不熟練労働者を放置していた時代においては労働者大衆が人間的自信をとりもどし，やがて自らの思想と力に目覚めることをたすけることができた」と評価しています［吉田・高島，1964：113］。

　こうしたボランタリー・アクションの系譜に属する日本の社会福祉協議会は，発足の当初から地域の未解決の問題，制度が対応していない問題に根ざすことを基本にしています。1962年の全国社会福祉協議会の「社会福祉協議会基本要項」は，社会福祉協議会活動の方向を初めて総合的に示した文書ですが，この中で社会福祉協議会の機能として次のようにまとめています。

　　「社会福祉協議会は，調査，集団討議，および広報等の方法により，地域の福祉に
　　欠ける状態を明らかにし，適切な福祉計画をたて，その必要に応じて，地域住民の
　　協働促進，関係期間・団体・施設の連絡・調整，および社会資源の育成などの組織

活動を行うことを主たる機能とする。なお，必要ある場合は自らその計画を実施する。」

　この本文には「説明」文があり，それによると，社会福祉協議会は「地域における住民のニードの発見と明確化」に努めることが書かれ，そのニードを充足するための方法として(1)社会調査，(2)集団討議，(3)広報・説得が挙げられています。このように，社会福祉協議会の機能として，調査が重視されていることは今日も同じです。

　筆者は，全国各地の社会福祉協議会においても多くの調査を行ってきました。主なものを挙げると次のとおりです。

(1)　東京都港区ひとり暮らし高齢者悉皆調査

　（調査主体：港区社会福祉協議会，調査時点：1995年1月，回収率72.6％）

　報告書：『東京都港区におけるひとり暮らし高齢者の生活と社会的孤立に関する調査報告書—地域ネットワークの新たな展開を求めて—』港区社会福祉協議会，1995年

(2)　東京都中野区高齢者2人世帯4分の1抽出調査

　（調査主体：中野区社会福祉協議会，調査時点：1996年1月，回収率62.1％）

　報告書：『東京都中野区における高齢者2人世帯の生活と親族・地域ネットワークに関する調査報告書』中野区社会福祉協議会，1996年

(3)　沖縄県読谷村のゆいまーる共生事業（ミニ・デイサービス）利用高齢者とボランティア及びゆいまーる共生事業非利用高齢者の悉皆調査

　（調査主体：読谷村および読谷村社会福祉協議会，調査時点：1999年3月，回収率：①ゆいまーる共生事業利用者40.0％，②ゆいまーる共生事業ボランティア40.3％，③ゆいまーる共生事業非利用高齢者64.8％）

　報告書：『沖縄県読谷村における高齢者の生活と「ゆいまーる共生事業」（ミニ・デイサービス）に関する調査報告書』読谷村，読谷村社会福祉協議会，2001年

(4)　沖縄県読谷村ひとり暮らし高齢者悉皆調査

　（調査主体：読谷村社会福祉協議会，調査時点：2005年6月，回収率46.5％）

　報告書：『読谷村におけるひとり暮らし高齢者の生活実態と社会的孤立に関

　　する調査報告書』明治学院大学社会学部付属研究所，2006年

(5)　東京都港区ひとり暮らし高齢者40％抽出調査

　　（調査主体：港区社会福祉協議会，調査時点：2004年12月，回収率：57.9％）

　　報告書：『港区におけるひとり暮らし高齢者の生活実態と社会的孤立に関す
　　　　る調査報告書』東京都港区社会福祉協議会，2006年

(6)　神奈川県大井町ひとり暮らし高齢者及び高齢者夫婦 2 人世帯悉皆調査

　　（調査主体：大井町社会福祉協議会，調査時点：2006年 7 月，回収率：①ひとり暮ら
　　し高齢者60.2％，②高齢者夫婦 2 人世帯85.1％）

　　報告書：『大井町における高齢者世帯（単身世帯・夫婦二人世帯）の生活実
　　　　態と地域・親族ネットワークに関する調査報告書』大井町社会福祉協議会，
　　　　2007年

(7)　東京都葛飾区ひとり暮らし高齢者調査（「ひとりぐらし高齢者毎日訪問事
　　業」利用者悉皆調査）

　　（調査主体：葛飾区社会福祉協議会，調査時点：2008年10月，回収率：91.7％）

　　調査報告書：『東京都葛飾区におけるひとり暮らし高齢者の生活と意識―「ひ
　　　　とりぐらし高齢者毎日訪問事業」利用者調査報告書―』葛飾区社会福祉協
　　　　議会，2009年

(8)　千葉県君津市高齢者二人世帯調査

　　（調査主体：君津市社会福祉協議会，調査時点：2009年 9 月，回収率：92.6％）

　　調査報告書：『千葉県君津市における高齢者二人世帯の生活と意識に関する
　　　　調査報告書』君津市社会福祉協議会，2010年

(9)　新潟県新潟市中央区ひとり暮らし高齢者 3 分の 1 抽出調査

　　（調査主体：新潟市中央区社会福祉協議会，調査時点：2010年 6 月，回収率：86.1％）

　　調査報告書：『新潟市中央区におけるひとり暮らし高齢者の生活と意識に関
　　　　する調査報告書』新潟市中央区社会福祉協議会・新潟県立大学，2011年

(10)　山形県全市町村ひとり暮らし高齢者20％抽出調査

　　（調査主体：山形県民生委員児童委員協議会，調査時点：2011年 8 月，回収率：
　　94.8％）

　　報告書：『山形県におけるひとり暮らし高齢者の生活と意識に関する調査報
　　　　告書』山形県民生委員児童委員協議会，2012年

⑾　沖縄県宮古島市ひとり暮らし高齢者悉皆調査

　　（調査主体：宮古島市社会福祉協議会，調査時点：2013年5月，回収率：62.8％）

　　報告書：『宮古島市におけるひとり暮らし高齢者の生活と意識に関する調査
　　　　報告書』宮古島市社会福祉協議会，2014年

⑿　東京都葛飾区町会長・福祉協力員調査，社協事業者協力者調査，社協会員
　　事業者調査，高校生調査，個人ボランティア調査，ボランティア団体調査

　　（調査主体：葛飾区社会福祉協議会，調査時点：2016年4月，回収率：①町会長・福
　　祉協力員調査69.2％，②社協事業協力者調査62.1％，③社協会員事業者調査33.0％，
　　④高校生調査100.0％，⑤個人ボランティア調査43.4％，⑥ボランティア団体調査
　　65.6％）

　　報告書：『第3次葛飾区地域福祉活動計画・第2次かつしかボランティア活
　　　　動推進計画策定のための調査報告書』葛飾区社会福祉協議会，2017年

　以上の社会福祉協議会を主体とする調査の多くは，一次調査でのアンケート
調査の後に，二次調査として訪問面接による事例調査を行っています。

　なお，これらの調査の中で，山形県全市町村ひとり暮らし高齢者に対する調
査のみ，調査主体が山形県民生委員児童委員協議会となっていますが，山形県
社会福祉協議会の協働があったことで，この調査が実現したことを考えると，
社会福祉協議会関連の調査といってよいと思います。[*]

　　*　山形県社会福祉協議会が，この調査の経過と課題について述べたものとして，奥山伸広
　　「地域課題の発見と県社会福祉協議会」（河合克義・菅野道生・板倉香子編著『社会的孤立問題
　　への挑戦－分析の視座と福祉実践』法律文化社，2013年，167～179頁）を参照のこと。

　さて，地域住民が抱えている問題を把握することは，社会福祉協議会の活動
を考える出発点です。1992年4月に策定された全国社会福祉協議会の「新・社
会福祉協議会基本要項」でも「社会福祉協議会の機能」の4番目に「調査研究・
開発機能」が掲げられています。さらに社会福祉法第109条では，市区町村社
会福祉協議会での「社会福祉を目的とする事業に関する調査」が位置づけられ
ています。時代によって，社会福祉協議会の機能全体の中で調査の位置づけは
多少異なるとはいえ，地域の住民が直面している生活上の諸困難を軽視して社
会福祉協議会活動はありえません。今日も，住民の生活問題を発見する方法と

して，調査が社会福祉協議会活動にとって重要な位置にあるのです。

筆者が関わってきた社会福祉協議会での調査の大半は，地域福祉活動計画を策定する一環で実施したものです。特に，地域に潜在化している問題，声なき声に耳を傾けること，助けてと言わない人々の生活に目を向けること，これらのことは民間団体の1つとしての社会福祉協議会活動の大切な視点です。これは，地域の未解決の問題，制度が対応していない問題に根ざす姿勢をもつということでもあるのです。

前出の12の地域調査の中から，以下に3つの地域調査を紹介します。

▌東京都港区ひとり暮らし高齢者悉皆調査（1995年）

第1の東京都港区ひとり暮らし高齢者悉皆調査（1995年）は，港区社会福祉協議会の地域福祉計画策定委員会として実施した調査でした。集計作業，報告書の執筆は筆者が行いました。調査時点は1995年1月，回収率は72.6％。郵送で調査票を送り，回収は港区民生委員児童委員が訪問して行いました。

東京都の中心区である港区，大企業が多くある港区，赤坂，六本木，虎ノ門など名前のよく知られている地域があり，豊かなイメージの港区においてのひとり暮らし高齢者の生活の現実は，豊かな安定した地域とは異なる厳しい面ももっていることが明らかになりました。

右の写真は，1995年9月22日付の毎日新聞（夕刊）の記事です。港区社会福祉協議会が行ったこの調査を大きく取り上げてくれました。この紹介記事にもあるように，みえてきたことは，都市中心部での高齢者の孤立問題が深刻だということでした。

親族ネットワークの状況を日本において測定する指標として，「お正月三が日」を過ごした相手を調査票の設問におきました。結果は，子ども等の親族が最も多い結果となりましたが，回答の中で「ひとりで過ごした」高齢者が3割半にもなったこ

毎日新聞社提供

と，さらには，病気など緊急時に誰も来てくれる人がいない高齢者が1割半いたのです。また，生活保護相当基準として年間収入200万円と設定し，それ未満の人は57.1％になっています。

　1995年調査では二次調査としての事例調査は行っていません。しかし，自由回答には，孤立状態のなかでの不安を綴るものが多くありました。港区社会福祉協議会から出された調査報告書の裏表紙に次の文章の直筆コピーを掲載しました。

> 「一人暮らしは淋しい，泣きたいほどに悲しいと思います。75歳になりますと身にしみます。娘一人，孫一人いますが，忙しそうなのでなかなか会えません。でも月に3回位は会います。だれかいっしょに住めるような人がいればいいと思いますが，思うようにはなりません。精神的に気がはっているので疲れます。身も心も寄りかかりたい人が欲しいと思います。男の子を亡くしましたので息子が欲しいとつくづく思います。70歳の時に脳血栓をやり，その後また3回も倒れましたので心配です。毎日毎日が心配で心休む時がありません。色々と考えますと頭がしびれて来ます。うつ病になったように思います。どうすればよいでしょうか。助けてくださいませお願い致します。[*]」
>
> ＊　この事例の位置づけについては，河合克義『大都市のひとり暮らし高齢者と社会的孤立』法律文化社，2009年，99～100頁を参照のこと。

　調査の結果から，孤独感，孤立状況もそれぞれの生活基盤，生活水準でかなり異なること，とりわけ貧困問題と孤立は相関があるということがみえてきました。

　この調査時点は1995年1月15日で，その2日後の1月17日に阪神・淡路大震災が発生しました。この震災以降，孤独死が問題となってきます。2000年1月14日付の読売新聞によると，震災仮設住宅での「独居死」は5年間で233人にのぼっているとのことです。

　額田勲は，著書『孤独死─被災地神戸で考える人間の復興』において「仮設住宅で見えてきたこと」として次のよう記しています。

> 「震災後の仮設住宅のありさまは，年金生活を送る高齢者，母子家庭，身体障害者など，いやそればかりではなく慢性疾患の罹病者を中心とした中壮年の生活保護受給層（もしくは潜在的な群）など，年収100万前後といわれる日本の低所得層の絶対的貧困の生態を赤裸々に描きだすことになった。戦後に多数みられたショッキン

グな餓死のような死にざまは，もはやこの社会では絶無と考えられてきた。だが，そうではなくて，現代の弱者層に広範に発生する可能性があることが，仮設住宅で次々と目撃された。」　　　　　　　　　　　　　　　[額田，1999：236-237]

　額田が受けとめたことを重視しなければなりません。つまり，孤独死は，大震災被災者の特殊な例ではないということです。私たちに示された事例は氷山の一角に過ぎないということです。地域で起こる問題の背後にあるものをみることが大切なのです。

▌千葉県君津市高齢者二人世帯調査（2009年）

　2つ目に紹介したいのは，千葉県君津市社会福祉協議会が実施した高齢者二人世帯の調査です。この調査も君津市社会福祉協議会が策定中であった「君津市地域福祉活動計画」の一環として，住民の生活実態，地域の課題を明らかにし，計画に反映させようと企画されたものです。この調査において高齢者二人世帯としたことには，次のような意図がありました。報告書に筆者が書いた文章を引用します。

　「一般に高齢者二人世帯は，ほとんどが夫婦世帯であるが，同居する一方が要介助状態になった場合，もう一人の同居者が中心となって世話をすることが多い。その場合，世話をする人は，家庭内での仕事に多くの時間を要するようになり，その結果，友人との接触，親戚のつきあい，趣味活動や旅行といったものが制限されてくる。それはネットワークの縮小化をもたらし，場合によっては世帯丸ごとの孤立を生み出すこともある。二人で頑張れば頑張るほど生活にひずみが生じ，それは精神的に余裕をなくし，不安定化し，不安感を増すことになる。

　そして注意したいのは，ひとり暮らしの世帯でなくとも，孤立状態はあり得るということである。子育て中の母親の孤立も大きな課題であろう。こうした問題に対応する〈ひとりぼっちをなくそう〉という地域的活動は確かに広がりを見せているが，その活動方法については考えなければならない課題が多い。

　高齢者世帯のみならず，一般に問題を抱えれば抱えるほど，自らの困り事を自分で整理し，制度の情報を集め，積極的に利用しようとする人は限られている。声をあげない控えめな，そして問題を自分の中に抱え込む人びとがむしろ多い。本調査は，そうした人びとの声を捉えたいと思うのである。

　ところで，世帯外のサポートということでは，親族とのつながりが重要な位置を占める。子どもがいる場合は子どもの家族の支援が第一に挙げられる。その子ども家族とのつながりの実態はどのようになっているのか。また兄弟姉妹，親戚さらに

は友人や近隣とのつながりはどうか。本調査では，こうした親族をはじめとする社会的ネットワークの実態と課題の把握を一つの重要な柱にしている。

　また，君津市は君津地区を中心とする市街地と高齢化率の高い農村地区とでは，地域課題が大きく異なる。君津市社会福祉協議会は，8つの地区社会福祉協議会をもっている。この地区ごとの特徴，課題にも注意を向けたい。地域の特徴が高齢者二人世帯にどのような影響を与えているのか。その点も調査で明らかにしたい課題である。

　一般的に農村地域では交通手段の確保が一つの課題になっているが，君津の場合はどうであろうか。市街地と異なり，農村地域では自分で運転できることが移動の前提となる。車を運転できるかどうかは重要な生活条件となるであろう。こうした交通手段の実態把握も重要な課題となろう。

　ともあれ，住民による地域福祉活動の活性化には，地域の生活上の諸課題とそれに対応する活動のあり方を住民自身が認識し共有することが出発点となる。地域の姿，地域の生活の実態を正しくとらえることは，住民自身が自分たちになにができるか，なにをすべきかについて考える機会を提供することにもなるであろう。」
［『千葉県君津市における高齢者二人世帯の生活と意識に関する調査報告書』君津市社会福祉協議会，2010年，1頁］

　調査主体は君津市社会福祉協議会ですが，筆者の研究室が企画から報告書の執筆まで協力しました。調査対象は65歳以上の二人世帯で，民生委員児童委員が地域での活動対象として独自に把握している1346世帯です。君津市の民生委員児童委員の独自の活動で，高齢者二人世帯の中で見守りが必要な対象をリストアップしていました。調査時点である2009年9月現在，住民基本台帳上の高齢者二人世帯の総数は3209世帯でした。民生委員児童委員によるリストは，高齢者二人世帯の4割を占めていることになります。

　一次調査の調査票の配布は郵送で行い，回収については民生委員児童委員が訪問して行いました。回収数1177ケース，回収率は87.4％でした。一次調査回答者のうち，二次調査の受け入れを承諾してくれた方の数は202世帯で，全体の17.2％でした。一次調査を類型化し，類型ごとの23の事例を得ることができました。調査員は私の研究室の学生です。

　さて，君津市社会福祉協議会は8つの地区社会福祉協議会をもっています。計画策定過程でも地区ごとの懇談会を開催して地域の課題整理をしてきました。君津市は，巨大企業の進出で住民生活が激変した地域です。八幡製鐵所（のち「新日鐵」，現在の「新日鐵住金」）が海面埋め立てによる最新鋭の大型製鉄

所を建設し，1965年に操業を開始したことで，1 農漁村であった旧君津町は
「海苔養殖を主とする漁業の消滅，製鉄所の操業と関連企業の進出に伴う転勤
従業員とその家族たちの往来，大社宅団地の出現，土地区画整理事業の進出，
大規模償却費資産税の確保による自治体行財政の効率化を指向した 5 か町村の
合併」[舘，1981：ⅰ] が行われました（1970年に君津町，上総町，小糸町，清和村，
小櫃村と合併し，君津町となり，さらに1971年に君津市となった）。1965年の君津の
人口は 4 万2574人でしたが、10年後の1975年には 2 倍近い 7 万6016人にもなり
ました。産業別就業者の構成も第 1 次産業の農漁業従事者が激減し，第 2 次産
業を中心として工業都市へと大きく変貌しました [舘，1981：372]。

　君津市社会福祉協議会の調査によって明らかになったことのなかで注目した
いのは，調査対象である65歳以上二人暮らしの世帯の 6 割が県外出身者である
こと，そして生計中心者の最長職は「勤労者（生産現場・技術職など）」が 4 割
半を占めるということです。もちろん，県外出身者のすべてが，また生産現
場・技術職に就いていた人すべてが，新日鐵の従業員というわけではありませ
んが，その影響は大きいことがわかります。

　しかも，このような傾向は君津市全体に均等に表れているわけではありませ
ん。新日鐵の工場や従業員用住宅の位置関係により，地区によって，こうした
傾向が強く表れる所とそうでない所に分かれているのです。

　表7-7は，地区別に世帯主の出身地をみたものです。地区は君津 4 地区（君
津東，君津中，君津西，君津南）・小糸地区と清和・小櫃・上総地区の 2 つに分け
てみてみます。君津 4 地区・小糸地区では，君津市内出身者が 1 割半，千葉県
外出身者が 7 割半であるのに対し，清和・小櫃・上総地区では，君津市内出身
者が 7 割，県外出身者が 1 割半と，対照的です。

　また，生計中心者の最長職についても，表7-8のとおり，君津 4 地区・小
糸地区では「勤労者（生産現場・技術職など）」が突出して多く，清和・小櫃・
上総地区では，公務員が他よりもやや多いものの，全体にばらつきがあること
がわかります。

　これらのことから，君津 4 地区・小糸地区は，その特徴として「県外出身者
が多い」ことと「最長職が勤労者（生産現場・技術職など）である人が多い」こ
とが挙げられ，新日鐵および関連企業の従業員であった住民が多いと推測され

表7－7　地区別世帯主の出身地

世帯主の出身地	地区2分類					
	君津4地区・小糸地区		清和・小櫃・上総地区		合　計	
	実数	%	実数	%	実数	%
君津市内	145	16.6	219	71.6	364	30.9
君津市以外の千葉県内	46	5.3	31	10.1	77	6.5
千葉県外	670	76.9	48	15.7	718	61.0
国外	3	0.3	0	0.0	3	0.3
無回答	7	0.8	8	2.6	15	1.3
合　計	871	100	306	100	1177	100

出所：『千葉県君津市における高齢者二人世帯の生活と意識に関する調査報告書』君津市社会福祉協議会，2010年，182頁。

表7－8　地区別生計中心者の最長職

		地区2分類					
		君津4地区・小糸地区		清和・小櫃・上総地区		合計	
		実数	%	実数	%	実数	%
生計中心者の最長職	会社経営者・会社役員	31	3.6	12	3.9	43	3.7
	自営業者	61	7.0	48	15.7	109	9.3
	勤労者（事務職・販売サービス業など）	129	14.8	34	11.1	163	13.8
	勤労者（生産現場・技術職など）	484	55.6	55	18.0	539	45.8
	専門的技術的職業（医師・弁護士・研究職など）	14	1.6	3	1.0	17	1.4
	公務員	73	8.4	71	23.2	144	12.2
	臨時職・パート・アルバイト	3	0.3	3	1.0	6	0.5
	農林漁業	33	3.8	50	16.3	83	7.1
	自由業（執筆家・芸術関係など）	2	0.2	2	0.7	4	0.3
	その他	21	2.4	11	3.6	32	2.7
	無回答	20	2.3	17	5.6	37	3.1
	合計	871	100	306	100	1177	100

出所：表7-7に同じ。

ます。一方，清和・小櫃・上総地区は，君津市内出身者が圧倒的に多く，人間的なつながりという点で，地域的に安定していることがわかります。

　以上のことから，多くの転入者が定住者に変わっていった君津4地区・小糸地区と，昔からの定住者が高齢期を迎えている清和・小櫃・上総地区のおおま

かな特徴を捉えることは，今後，地区ごとに地域活動を展開していく際に重要となるといえます。

　調査結果の報告会では，この地域特性を話したときに参加者の間にどよめきが起こりました。参加者から，ある程度わかっていたことではあるが，数字が客観的に示されたことで，地区社会福祉協議会活動の方向性が確認できたと言われたことを今でも覚えています。

▌東京都葛飾区町会長・福祉協力員調査，社協事業者協力者調査，社協会員事業者調査，高校生調査，個人ボランティア調査，ボランティア団体調査（2016年）

　3番目として，東京都葛飾区社会福祉協議会の調査を紹介します。調査は6本からなっていますが，社会福祉協議会としての計画を策定する際の基礎資料として実施されたものです。調査の目的，期間・対象・方法について『報告書』（『第3次葛飾区地域福祉活動計画・第2次かつしかボランティア活動推進計画策定のための調査報告書』葛飾区社会福祉協議会，2017年）から引用しましょう。

(1)　調査の目的

　この調査は，「第3次葛飾区地域福祉活動計画（平成29～33年度）」及び「第2次かつしかボランティア活動推進計画（平成 29～33 年度）」の策定に向け，葛飾区内で地域福祉活動に取り組んでいる方々の活動実態や意向を把握し，地域の課題を抽出し，計画の方向性・重点項目等を決定するための基礎的な資料とすることを目的として実施しました。

(2)　アンケート調査の期間・対象・方法

　平成28年5月10日～6月6日の期間に実施しました（高校生調査は5月20日～6月15日）。

調査の種類	調査の対象	調査方法
①町会長・福祉協力委員調査	葛飾区内の町会長や福祉協力委員等計802人を対象としました。	自治町会連合会および民生委員・児童委員協議会を通じて調査票を直接配布し（一部郵送配布），郵送回収しました。

②社協事業協力者調査	葛飾区社会福祉協議会が実施している以下の事業にご協力いただいている方485人を対象としました。※2つの事業にご協力いただいている方がいるため，以下の合計は総数を超えます。		調査票を郵送配布し，郵送回収しました。
	1．しあわせサービス（協力会員）	195人	
	2．ファミリー・サポート・センター（サポート会員）	272人	
	3．手話通訳者派遣事業	30人	
	4．成年後見センター（生活支援員）	16人	
③社協会員事業者調査	葛飾区社会福祉協議会の法人会員となっている事業者の100事業所を対象としました。		調査票を郵送配布し，郵送回収しました。
④高校生調査	葛飾区内の7校の高等学校に通う高校2年生を各校1クラス抽出し，272人を対象としました。		学校を通じて調査票を直接配布し，各校でまとめて回収しました。
⑤個人ボランティア調査	かつしかボランティアセンターにボランティア登録している個人143名を対象としました。		調査票を郵送配布し，郵送回収しました。
⑥ボランティア団体調査	かつしかボランティアセンターに登録しているボランティア団体91団体を対象としました。		調査票を郵送配布し，郵送回収しました。

(3)　アンケート調査配布・回収状況

調査の種類	配布数	回収数	白票・無効票	有効回収数	有効回収率
①町会長・福祉協力委員調査	802	556	1	555	69.2%
②社協事業協力者調査	485	301	0	301	62.1%
③社協会員事業者調査	100	33	0	33	33.0%
④高校生調査	272	272	0	272	100.0%
⑤個人ボランティア調査	143	62	0	62	43.4%
⑥ボランティア団体調査	90	59	0	59	65.6%

(4)　町会長聞き取り調査の期間・対象・方法

　　平成 28 年 9 月14日〜16日の期間に実施しました。

調査の対象	調査方法
アンケート調査の町会長・福祉協力委員調査で，聞き取り調査にご協力いただけると回答のあった町会長の方12人を対象としました。	明治学院大学・河合研究室と合同で対象者を個別に訪問し，学生が聞き取りを行いました。

　　　この葛飾区社会福祉協議会の地域福祉活動計画そしてボランティア活動推進

計画の策定委員会の委員長は筆者で
した。2 つの計画は2017年 3 月に策
定されましたが，計画書と調査報告
書はともに葛飾区社会福祉協議会の
ホームページにありますのでご覧く
ださい。

　今回の地域福祉活動計画は第 3
次，ボランティア活動推進計画は第
2 次となっています。葛飾区社会福
祉協議会の取り組みの柱は多くあり
ますが，第 2 次地域福祉活動計画か
ら重点項目としてきたのは小地域福
祉活動です。葛飾区社会福祉協議会
は，19ある連合町内会単位に小地域
福祉活動を組織してきました。そし
て，とうとう19の全地区に組織がで

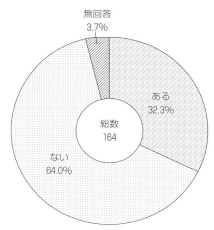

**図 7 - 2　葛飾区における自治町会長在任中
の孤独死発生の有無**

出所：『第 3 次葛飾区地域福祉活動計画・第 2 次かつし
　　　かボランティア活動推進計画策定のための調査
　　　報告書』葛飾区社会福祉協議会・かつしかボラ
　　　ンティアセンター，2017年，20頁。

きたのです。東京23区において，小地域福祉活動がこれほどの展開をみせてい
るのは葛飾区社会福祉協議会のみです。

　ところで，葛飾区は自治町会活動が活発な地域の 1 つです。地域住民のつな
がりも強いところといわれています。しかしながら，図 7 - 2 のとおり，自治
町会長に尋ねた調査で，「会長在任中に孤独死の発生を見聞きしたことがある」
という人が32.3％もいました。

　社会福祉協議会は，地域住民とともに，地域に潜在化している問題，声をあ
げない人々の声を聞くことが求められています。その際に，調査は 1 つの重要
な手段です。社会福祉協議会はもっともっと調査を重視したいものです。

　第 3 次葛飾区地域福祉活動計画の冒頭に，私は策定委員会委員長として「住
民主体と学び」と題して次のように書きました。

　　「『住民主体』という言葉は，社会福祉協議会の歴史の中では，重要な用語の一つで
　　す。1962（昭和37）年，全国社会福祉協議会によって策定された『社会福祉協議会
　　基本要項』において『住民主体』ということが示され，以降，社会福祉協議会は，

この住民主体の原則に基づいて活動を展開してきました。

　基本要項には次のように書かれています。

　　『社会福祉協議会は一定の地域社会において，住民が主体となり，社会福祉，保健衛生その他生活の改善向上に関連のある公私関係者の参加，協力を得て，地域の実状に応じ，住民の福祉を増進することを目的とする民間の自主的な組織である。』

　この内容は，過去のものではありません。住民主体ということを，いまの状況のなかで，どのように捉えたらよいのかが問われていると思います。地域の問題を解決するために，社会福祉協議会が活動パッケージをつくり，そこに住民を単に活動の担い手として位置づけることでは，住民主体にはなりません。住民が真に主体的に地域活動に参画していく基盤をつくることが大切です。そのためには，これまで関わっていない住民への幅広い働きかけが必要です。重要なのは，〈住民の学び〉です。これまでの各種講座の手法を見直し，もっと幅広く住民に働きかけることが求められているのではないでしょうか。社会教育部門との共同体制も模索したいものです。

　さて，葛飾区社会福祉協議会は，これまでの地域福祉活動計画において，小地域福祉活動を重点項目として重視し，全19地区での活動実施をついに実現しました。今回の第3次の計画では，さらに幅広い住民の組織化活動を実現したいものです。

　第3次計画の策定過程では，計画の基礎資料を得るため，町会長・福祉協力委員，社協事業協力者，社協会員事業者そしてボランティアに対する大規模な調査を実施しました。調査で得られた結果から明らかになった課題を整理したうえで第3次計画が構想されましたが，これだけの調査を基礎に計画を策定したところは多くはありません。高く評価できるものです。

　計画は策定して終わりではありません。計画の具体化過程こそ重要です。社会福祉協議会事務局，住民，行政，関係団体が一体となって〈みんなで創り・育む　安心して暮らせる「わがまち葛飾」〉を実現しましょう。」

　以上が葛飾区社会福祉協議会の第3次葛飾区地域福祉活動計画に寄せて書いたものですが，今日の社会福祉協議会は，調査による地域住民の生活実態把握を重視し，同時に，住民主体の活動を担う人づくりにも，もっと力を注ぐ必要があると筆者は考えています。

（2）民間団体と調査

　社会保障・社会福祉関係の民間団体の数は増加しています。ボランティア団体，NPO団体，当事者団体，さらには専門団体等，民間団体の種類も多くあります。こうした諸団体も，各種の調査を行ってきています。在野の団体であ

るがゆえに，調査に基づく問題提起は独自の意味をもちます。

　筆者も幾つかの民間団体の調査に関わってきました。筆者の研究室として調査を担ったものの中から，「横浜市鶴見生活と健康を守る会」の会員調査について紹介します。「生活と健康を守る会」という組織は，基礎自治体を基本に地域組織をもっており，その上に都道府県の組織，さらに全国組織があります。全国組織は「全国生活と健康を守る会連合会」（略称；全生連）といいます。

　全生連は，敗戦の混乱と貧困のなかで1948年頃から各地にうまれた「健康を守る会」と，1〜2年遅れて各地に生まれた「生活を守る会」が，1954年に統一されてできたものです。全生連の現在の規約には「全国生活と健康を守る会連合会は，低所得者を中心とする地域住民が団結して，生活と健康，権利の保障を，国や地方自治体，大企業に要求し，人間らしく生きる権利・生存権の保障を実現するために運動する地域組織の全国の連合会です」とあります。

　2016年11月現在，県連合会が33都道府県，県連合会のない13県に21の地域「生活と健康を守る会」（以下，生健会と略す）があります。会員数は約5万6000世帯です。

　10世帯ぐらいを単位に班を地域ごとに組織し，経済的，文化的，政治的，その他の諸要求を，①会員の知恵と力，②制度の活用，③行政との交渉，④制度の改善，新設によって解決しようとする地域住民の組織といえます。

　全生連の運動をみると，1992年4月から実現した白内障眼内レンズ健康保険適用運動をはじめとして，生活保護制度の改善，就学援助適用・改善，各種減免と税制改善，住宅（例えば，いわゆる「ひとり暮し裁判」とその成果としての公営住宅法の改正〔1980年7月〕）と生活環境の改善等々，これら全生連の運動は，戦後日本の社会保障・社会福祉の水準引き上げに重要な役割を果たしてきました。また，最近の動向としては，老齢加算や母子加算などの生活保護基準をめぐる裁判でも支援組織の中核を担ってきたことを挙げなければなりません。

▎横浜市鶴見生活と健康を守る会会員生活実態調査（1990年）

　この調査は，明治学院大学の筆者の研究室と鶴見生活と健康を守る会が共同で実施したものです。地域の貧困・低所得層を中心とした住民を組織している生健会の調査は，貧困・低所得問題を考える意味でも大切な作業です。

　調査は２つから構成されています。一次調査は，鶴見生健会の全会員790世帯を対象にしました。生健会では会員を世帯単位と規定しています。そこで本調査では調査対象者を，その世帯において生健会への活動参加程度の最も高い者としました。二次調査は一次調査から抽出した事例調査です。調査員は，明治学院大学の筆者の研究室に所属する学生です。調査の時期は一次調査が1990年９月で（調査時点は1990年４月１日現在），二次調査が1991年９月（調査時点は同９月１日現在）です。一次調査の回収数は341，回収率は43.2％となりました。二次調査は，一次調査で回答を得た者の中の高齢者世帯について，以下に示す生活類型ごとに抽出し，38ケースを得ることができました。

　この調査の集計には，明治学院大学情報処理教育研究センターの大型コンピューターを使用しました。当時は，プログラミングや集計等の作業が大変でした。現在では，パソコンで簡単に集計・分析できるソフトが幾つかあります。本書ではIBMのSPSS Statisticsというソフトを使いましたが，今ではプログラミングをしなくてもメニューを選択することで，高度な集計ができるようになりました。

❶ なぜ生健会調査を行ったのか

　筆者の研究室が生活と健康を守る会の会員調査を実施した動機は，当時の社会福祉の政策と理論の方向性に対する疑問があったことによります。1970年代半ば以降，とりわけ日本型福祉社会論にみられるように，わが国の社会保障が西欧水準に到達し，日本は「豊かな社会」だと描き，そのうえで社会福祉領域では「福祉ニーズの多様化論」がいわれていました。この流れの１つの特徴は，住民生活に含まれる格差をみないで，生活を平準化してみていたことです。国民生活はだいたいみんな同じだ，差はないといわれていました。その結果が貧困・低所得層の生活問題の軽視となったのです。

　1970年代半ばからの社会福祉は，対象の拡大あるいは「普遍化」といいながら，現実は中間層以上の住民を中心とした政策展開となってきていたのです。貧困・低所得の人々の生活の現実を誰もみなくなってきていました。

　こうした動きのなかで，改めて，貧困・低所得層の生活問題を基礎に，住民の生活を全体的に捉えることが求められているのではないかと考えたのです。

　生健会は，貧困と低所得層の人々を中心に組織している団体です。その会員の生活実態把握は，福祉の政策の方向性を考える基礎的データを提供するものとなるのです。

❷ 組織内調査の強み

　一般的な調査と違い，一定の組織に所属する人々を対象に行う調査は，かなり詳細な調査項目を設定することができます。一般に，答えることに抵抗があるような設問，例えば職業，収入，学歴などは設問としておくことが難しいものです。しかし，組織内調査では，調査対象者に調査の趣旨を理解してもらうことでかなり突っ込んだ設問をおくことができます。

　鶴見生健会調査報告では，例えば職業については次のようなデータを得ることができました。表7-9は，調査対象者本人の生涯最長職です。「単純労働者」と「販売・生産労働者」を合わせて45.2％となっています。これは，横浜鶴見区という地域特性を反映しています。鶴見区の海側に工業地帯があり，そこでは働く労働者が生健会の会員となっているのです。

　こうした職業から世帯の社会階層をみたのですが，この区分だけでは大まかなことしかわかりません。鶴見生健会調査では，本人の生涯最長職がどのような仕事かを細かく尋ね，回答を得ることができました。

　以下に本人の生涯最長職の例示を掲げます。この分類方法は，江口英一のやり方を見習ったものです［江口・川上，2009：36-37］。

表7-9　鶴見生健会調査対象本人の生涯最長職

（上段：実数，下段：％）

合　　計	経営主	自営業	名目的自営業	単純労働者	販売・生産労働者	俸給生活者	無業者	無回答
341 (100.0)	4 (1.2)	58 (17.0)	19 (5.6)	80 (23.5)	74 (21.7)	53 (15.5)	23 (6.7)	30 (8.8)

出所：河合克義「都市における貧困・低所得層の生活と地域―横浜市鶴見生活と健康を守る会会員生活実態調査報告（その1）」『明治学院大学社会学部付属研究所年報』23号，1993年，9頁。以下，出所は本論文・頁数のみ表示

〈鶴見生健会調査対象本人の生涯最長職の例示〉

Ⅰ．資本家階級

01.　1．会社経営者────────────工事会社社長

02.　2．部門担当経営者──────────工事会社社長代理

03.　3．臨時的・嘱託的経営者───────新聞販売店の役員

　　　4．小経営主

04.　　1）工業主（製造・運輸・建設）─機械工事会社，建設会社（圧接）

05.　　2）商業・サービス業主

06.　　3）医療保健業主

Ⅱ．自営業者層

　　1．自営業主

07.　　1）建設職人────────────大工，トビ，左官，塗装業，配管業，建設業

08.　　2）手工業者────────────配管工，字植，機械加工，電波障害，組立
　　　　　　　　　　　　　　　　　　　工，高熱作業，印刷業，洋服仕立て

09.　　3）技術・技能者──────────修理工，自営業

10.　　4）小商業・飲食・サービス業者─飲食業，金物屋，道具屋，クリーニング，飲
　　　　　　　　　　　　　　　　　　　み屋，駄菓子屋，靴販売，ヤクルト販売店，
　　　　　　　　　　　　　　　　　　　喫茶店，パン屋，スナック，本屋，卸業，不
　　　　　　　　　　　　　　　　　　　動産，美容院，服飾販売，ラーメン屋，三
　　　　　　　　　　　　　　　　　　　業，牛乳店

11.　　5）医療・保健業者─────────マッサージ業，助産婦

12.　　6）自由業────────────三味線の先生

13.　　7）農林・漁業主──────────農業

14.　　8）その他の自営業─────────運送，廃棄物処理業

　　2．各目的自営業

15.　　1）家政婦────────────お手伝い，家政婦

16.　　2）行商・露天商

17.　　3）小商人

18.　　4）仲買人，仲介人──────────外務員，保険外交員

19.　　5）賃仕事────────────内職，仕立て屋，子守り，洋裁，手伝い

20.　　6）その他の浮浪的サービス────バタ屋

21.　　7）各目的農林・漁業

22.　3．自営業の業種不明

Ⅲ．労働者階級

23.　1．資本制家内労働者

2．単純労働者

24.　　1）単純労働者――――――――清掃，建築，木材会社，失業対策，手伝い，
付添い，建設作業員，守衛，雑役婦，土木
職，高齢者事業団，警備，会社パート，土
方，炭鉱夫，港湾労働者，土工夫

25.　　2）商業・サービス・手工業使用人―不動産営業，美容師，飲食店店員，付添婦，
まかない，スーパーのレジ，おしぼり会社，
スーパー店員，独身寮，寿司屋店員，調理
員，ちょうちん屋手伝い，バーテン，水商
売，ウェイトレス，寮の管理人，ゴルフ場，
理髪業，ガラス製品，服の仕立て，ホステ
ス，バスの車掌，パチンコ店，クリーニング
屋

3．販売労働者

26.　　1）販売労働者――――――――生協店員，百貨店売り子，化粧品販売，デ
パートの小売業

4．生産労働者

27.　　1）臨時的生産労働者――――――電気工事（日雇い）

28.　　2）一般生産労働者――――――食品工場勤務，フォークリフトの運転手，運
搬，ドロップ会社，工員，ネジ加工，菓子製
造，旋盤工，板金，化学工場，鉄工（かじ
屋），電気会社，A製作所，おもちゃ会社，フ
サンド加工，縫製，ミキサーの運転手，エン
ジニア，鉄筋加工，溶接工，グリス製造，ゴ
ム工場，特殊製鋼，組み立て，和裁，塗装，
タクシー乗務員，印刷，トンネル工夫，造
船，製本業，ガス会社，職人，人材派遣会社

29.　　3）官公労働者――――――――消防士

5．俸給生活者

30.　　1）臨時的俸給生活者――――――事務職，県庁非常勤，研究助手，会社アルバ
イト

31.　　2）一般的俸給生活者――――――製造業会社員，事務員，石油会社，食堂職
員，会社員，用務員，ニット関係，電話交換
手，学童保育指導員，販売会社

32.　　3）官公俸給生活者――――――地方公務員，議員

33.　　4）技術・技能者――――――――印刷工，設計，重電気製造，看護婦，栄養
士，配線，保母，タイピスト，菓子メーカー

の研究所

34.　　5）教師————————————教員，中学校教諭，幼稚園教諭
35.　　6）公安俸給生活者

　Ⅳ．無業者
36.　　1）金利・資産生活者
37.　　2）年金生活者（120万以上）
38.　　3）生産的家事労働従事者————店番
39.　　4）老齢無業者（75歳以上）
40.　　5）失業者
41.　　6）学生・生徒
42.　　7）その他の無業者——————主婦

出所：表7－9に同じ（9頁）。

　この例示から，仕事の内容，階層的な位置をより詳細に知ることができます。
　一般に調査で，職業を聞く設問は多くありますが，社会階層的位置を明らかにするには，仕事の中身の情報をもう少し詳しく得る工夫が必要です。いずれにしても，職業は社会階層を明らかにする重要な設問であることに間違いありません。この調査では，配偶者の生涯最長職も聞いていますが，省略します。さらには，本人および配偶者等，家計維持者が育った家庭の家計維持者の生涯最長職まで聞くことができました。
　さて，もう1つ，組織内調査の強みの例を示しましょう。それは学歴です。この設問も一般に設問として導入することが困難です。鶴見生健会調査では，本人と配偶者両方の最終学歴を尋ねました。**表7-10**は，本人の最終学歴別年齢です。「新制中学校卒」が24.0％と最も多く，ついで「旧制高等小学校卒」が21.1％，「高校卒」が18.2％，「旧制小学校卒」が14.1％，「旧制高等女学校卒」が5.9％となっています。
　学校に「殆どいかない」と「新制小学校卒」のみを合わせて14人（4.1％）いることは注目されます。これを年齢別にみると，40歳代に3人，50歳代に6人，60歳代に3人，70歳代に1人，80歳代に1人となっています。
　中学校卒以下の人は，全体の63.3％を占めることになります。「40歳未満」の年齢層でみると，「新制中学校卒」以下の人が6％，「高校卒」以下で13％となっています。一方，大学・短大・専門学校卒の人は6.7％でした。

表7-10　鶴見生健会調査対象本人の最終学歴別年齢

（　）は％

	20歳以上30歳未満	30歳以上40歳未満	40歳以上50歳未満	50歳以上60歳未満	60歳以上70歳未満	70歳以上80歳未満	80歳以上	合　計
殆ど行かない	—	—	2 (20.0)	3 (30.0)	3 (30.0)	1 (10.0)	1 (10.0)	10 (2.9)
旧小学校	—	—	1 (2.1)	4 (8.3)	17 (35.4)	19 (39.6)	7 (14.6)	48 (14.1)
旧高小卒	—	—	—	10 (13.9)	30 (41.7)	23 (31.9)	9 (12.5)	72 (21.1)
新中卒	8 (9.8)	13 (15.9)	31 (37.8)	29 (35.4)	1 (1.2)	—	—	82 (24.0)
旧高女卒	—	—	—	2 (10.0)	7 (35.0)	7 (35.0)	4 (20.0)	20 (5.9)
高卒	8 (12.9)	16 (25.8)	17 (27.4)	12 (19.4)	5 (8.1)	3 (4.8)	1 (1.6)	62 (18.2)
短大専門卒	1 (9.1)	2 (18.2)	4 (36.4)	2 (18.2)	1 (9.1)	1 (9.1)	—	11 (3.2)
大卒	—	2 (16.7)	7 (58.3)	1 (8.3)	1 (8.3)	—	1 (8.3)	12 (3.5)
旧中卒	—	—	—	2 (28.6)	2 (28.6)	1 (14.3)	2 (28.6)	7 (2.1)
新小卒	—	—	1 (25.0)	3 (75.0)	—	—	—	4 (1.2)
無回答	1 (7.7)	1 (7.7)	1 (7.7)	3 (23.1)	3 (23.1)	3 (23.1)	1 (7.7)	13 (3.8)
合計	18 (5.3)	34 (10.0)	64 (18.8)	71 (20.8)	70 (20.5)	58 (17.0)	26 (7.6)	341 (100.0)

出所：表7-9に同じ（19頁）

❸ 調査結果を普遍化するために

　ある組織内の調査は，以上に例示的に示してきたような，一般調査では困難な詳細データを得ることができる強みがありますが，同時に組織内調査であることの限界もあります。

　生健会は貧困と低所得層を中心に組織されていることから，その組織内調査の結果は偏りがあるといわれることもあります。鶴見生健会は，当時，中高年齢層が中心の組織でした。65歳以上が全体の35.2％を占め，そのうち女性が65.8％でした。家族類型では，単独世帯が54.2％と半数以上を占め，夫婦のみ世帯が18.3％でした。現在は当時よりさらに高齢化，単身化が進んでいます。

　こうした組織の生活状況を普遍化する際に，筆者は世帯の社会階層的位置を明確にすることで，会員の生活状況を全体の中での位置づけることができるのではないかと考えてきました。そのための重要な指標が世帯収入です。これも調査では，設問としておくことが困難なものです。

　すでに述べてきたことですが，生活調査にとって収入状況を把握することは，とても大切です。調査の目的を粘り強く説明し，収入を調査票に組み込む努力をすべきです。

　鶴見生健会調査の世帯の年間収入をみてみましょう。まず世帯収入の種類については（表7-11），「給与収入」が50.1％と半数を占め，ついで「年金収入」が37.5％，「生活保護」が27.0％，「事業収入」が13.5％となっています。

　年間収入額については（表7-12），低い方から「50万円未満」が0.9％，「50万～100万円未満」が6.2％，「100万～150万円未満」が24.3％，「150万～200万円未満」が7.0％，「200万～300万円未満」が13.5％，「300万～400万円未満」が7.0％となっています。収入が高い方では「800万円以上」が6.7％となっています。このように「100万～150万円未満」のところに大きな集中がみられ，全体の24.3％になっていることは注目されるところです。

　さて，ひとり暮らし高齢者の生活保護の年間受給額は，都市部の場合でおおむね150万円です。生活保護基準以下の生活をする会員がどのくらいいるのかを測定するには，前提作業として年齢，家族人数，就労状況，住宅状況，地域等を個別にみて世帯ごとに生活保護費を計算しなければなりません。

　鶴見生健会調査では，個々のケースについてそこまでの調査をしませんでしたので，会員全体の生活保護基準以下世帯数を示すことはできません。

　ただし，表7-12で，鶴見生健会の会員の年間収入額を200万円未満で合計すると38.4％となります。単身高齢者では，生活保護基準相当額は年間200万円程度ですので，複数世帯としても年間200万円未満の生活は生活保護基準以下となります。ということは，少なく見積もった値ですが，鶴見生健会の会員の約4割は生活保護基準以下ということになります。

　もちろん，生活水準は収入額だけで判断できません。健康あるいは文化的な要素も加味しなければいけません。しかし，この生活保護基準相当額以下の層の生活を正しく分析することは，重要なことです。

　生活保護を受給すると，各種減免を受けることができます。そのため生活保護を受給していない人が生活保護基準の生活と同程度の生活となるには，生活保護基準に一定額を加えることが必要です。これまでの調査では，例えば生活保護基準の1.4倍の額を生活保護基準相当額としたものがありますし，また最

表 7 -11　鶴見生健会調査の世帯収入の種類 [（　）は％]

合　計	給与収入	事業収入	財産収入	仕送り	年金収入	生活保護	その他	無回答
341	171	46	10	10	128	92	10	7
(100.0)	(50.1)	(13.5)	(2.9)	(2.9)	(37.5)	(27.0)	(2.9)	(2.1)

出所：表 7 - 9 に同じ（20頁）

表 7 -12　鶴見生健会調査の年間収入額 [（　）は％]

合計	50万円未満	50万～100万円未満	100万～150万円未満	150万～200万円未満	200万～300万円未満
341	3	21	83	24	46
(100.0)	(0.9)	(6.2)	(24.3)	(7.0)	(13.5)

300万～400万円未満	400万～600万円未満	600万～800万円未満	800万～1000万円未満	1000万円以上	無回答
24	63	27	15	8	27
(7.0)	(18.5)	(7.9)	(4.4)	(2.3)	(7.9)

　近では，金澤誠一が，「最低生活費」の保護基準相当額という用語で，世帯の種類ごとの相当額と生活保護基準との割合を計算しています。例えば70歳代のひとり暮らし高齢者の場合，保護基準の1.364倍を「最低生活費」の保護基準相当額としています [金澤，2009：251]。

　生活と健康を守る会のような低所得者を中心とした組織の生活の現実を普遍化する作業として，生活保護基準相当額以下の人々の実態を明らかにする作業が大切です。そこで明らかになった課題は，普遍性をもつといえるのです。

　なお，本書で使ってきた港区のひとり暮らし高齢者調査（2011年）のデータで，生活保護基準相当額を年間200万円としてそれ以下の量を算出すると，56.3％でした。つまり，港区のひとり暮らし高齢者の 5 割半は生活保護と同程度のあるいはそれ以下の生活なのです。[*]

　＊　河合克義『老人に冷たい国・日本─「貧困と社会的孤立」の現実』光文社新書，2015年，196～198頁を参照のこと。ここでは，同年2011年に実施した山形県のひとり暮らし高齢者調査と港区のひとり暮らし高齢者調査の比較をしました。生活保護基準相当額を，山形県の場合で150万円，港区の場合で200万円と設定し，それ以下の人の割合を算出すると，山形県で56.6％，港区で56.3％となっています。

❹ 事例調査

　鶴見生健会調査の一次調査で回答を得た者の中から，二次調査の事例調査として，生活問題が集中的に表れている65歳以上の高齢者120世帯を取り上げました。調査の結果，38のケースを得ることができました。一次調査の高齢者120世帯の生活を類型化するために，次の4つの指標を用いました。

　第1は生涯最長職で，186頁の「本人の生涯最長職の例示」に示した分類番号で01～06を「上層」で○，07～14，22，26，28，29，31～35を「一般層」で△，15～21，23～25，27，30，36～42を「下層」で×としました。

　第2は年間世帯所得です。生活保護基準の1級地－1で高齢者単身世帯（住宅扶助を特別基準で計算）は大まかに150万円となるので，それ以上を○，以下を×としました。

　第3は住宅の所有状況で，持ち家を○，借家を×としました。

　第4は家族形態で，老人のみ世帯を×，子供などとの同居を○としました。

　以上の基準で類型化し，その分布をみたものが表7-13です。4つの指標のうちいずれかが欠けているケースを除くと97ケースとなりました。24類型のうち，23番が20ケースと最も多く，ついで15番が12ケース，10番が9ケース，9番が8ケース，11番，17番がともに7ケースとなっています。類型番号3～6，8，20は該当ケースがありませんでした。

　この類型をさらに5つのグループに分類し，二次調査の訪問面接で得られた38ケースについて，5つの類型グループごとのケース数を示したものが表7-14です。

　鶴見生健会調査報告書では，以上の諸類型の特徴をみるため，類型ごとの典型事例について掲げましたが*，ここでは，Eの困窮型から2ケースを紹介します。

　　＊　河合克義「都市における貧困・低所得層の生活と地域―横浜市鶴見生活と健康を守る会会員生活実態調査報告―（その2）」『明治学院大学社会学部付属研究所年報』25号，1995年，59頁以降を参照のこと。

類型E【困窮型】：ケース No.30　男性70歳
1　健康状態について

　高血圧と糖尿病を患っているが，薬を定期的に飲んでいるので問題はない。通院は月に1度，このときにまとめて薬をもらっている。

表 7 -13　鶴見生健会調査の高齢者の類型とその分布

最長職 ○上層 △一般層 ×下層	年間世帯所得 ○150万円以上 ×150万円以下	住宅 ○持家 ×借家	家族形態 ×老人のみ ○子供など と同居	類型番号	該当ケースNo.（二次調査）
01～06 ○	○	○	×	1	240
			○	2	343
	×	○	×	3	
			○	4	
	○	×	×	5	
			○	6	
	×	×	×	7	25, 186
			○	8	
07～14 22, 26, 28, 29 31～35 △	○	○	×	9	1, 163, 165, 168, 223, 312, 325, 339
			○	10	73, 169, 180, 197, 204, 232, 237, 322, 342
	×	○	×	11	15, 35, 54, 56, 190, 212, 245 .
			○	12	90
	○	×	×	13	17, 103, 151, 235, 262, 328
			○	14	295
	×	×	×	15	18, 36, 37, 66, 166, 194, 266, 284, 302, 305, 307, 331
			○	16	246
15～21 23～25 27, 30, 36～42 ×	○	○	×	17	20, 69, 101, 150, 196, 213, 326
			○	18	177, 207, 222
	×	○	×	19	32, 185, 188, 248, 275, 327
			○	20	
	○	×	×	21	40, 254, 341
			○	22	24, 84, 280, 334
	×	×	×	23	3, 4, 5, 7, 14, 27, 41, 62, 105, 153, 160, 161, 174, 189, 209, 215, 241, 252, 253, 276
			○	24	285, 291, 298, 309, 337

出所：河合克義「都市における貧困・低所得層の生活と地域―横浜市鶴見生活と健康を守る会会員生活実態調査報告（その 2 ）」『明治学院大学社会学部付属研究所年報』25号，1995年，57頁。

表7-14　鶴見生健会調査の二次調査における高齢者の類型グループとその分布

最長職 ○上　層 △一般層 ×下　層	年間世帯所得 ○150万円以上 ×150万円以下	住　宅 ○持家 ×借家	家族形態 ×老人のみ ○子供など と同居	類型番号	グループ名	ケース数
○ △	○ ○	○ ○	○ ○	10	A　自立同居型	3
○ △	○ ○	○ ○	× ×	9	B　自立可能型	4
△ △ × ×	○ × ○ ○	× ○ ○ ×	○ ○ ○ ○	12, 14 18, 22	C　非自立同居型	6
△ × ×	○ ○ ○	× × ×	× × ×	13 17, 21	D　不安定独立型	10
△ △ × ×	× × × ×	○ × ○ ×	× × × ×	11 15, 19 23	E　困　　窮　　型	15

出所：表7-13に同じ（59頁）

2　職業歴

13歳で尋常小学校卒業後，呉服屋に小僧として入り，20歳で徴兵になるまで勤務した。軍需工場で3年間働いた後は，海軍に入って横田基地から郡山へ。終戦後25歳で結婚し，妻の親戚が経営する運送会社で事務をする。翌年から3年間は食料配給公社で米の配給業務をしていたが，公社の民営化に伴い退職，退職仲間5人で共同出資し販売店を経営した。43歳の時に従業員23人の会社を兄らと設立したが，56歳の時にオイルショックの影響で倒産。社名を変更して6人で仕事を続けたが，4年後の兄の死で自然解消となった。その後2～3年はコンベアの設計，設置，施工，整備などをして生計を立てた。妻は専業主婦をしていたが，42歳の頃に離婚。

3　高齢期における生活の変化

ここ最近，酒が飲めなくなったことや根気がなくなったことで，年をとったと感じている。会社が倒産した時に収入が3分の2になり，生活保護を受けるようになってからは収入が昔の3分の1になった。朝起きるのは遅くなったが，夜はなかなか寝つけなく

なった。親戚づきあいは，近所に住む妹と月5～6回往来するくらいで，昔と変わっていない。近所づきあいもなく，仕事の頃の友人とは年に2回程度文通をするくらいである。現在は交際費を出す余裕はない。

4　家族状況

子どもが2人いたが，離婚してからはどこで何をしているかわからない。子どもを探して突然押しかけても子どもの家庭を壊すだけで，会っても仕方ないと思っている。

5　生健会について

生健会には区役所でビラを見て入会。困った時に相談に乗ってもらえるのではないかと思って所属している。班会に所属しているが，しばらく班の会合が開かれていない。

6　住宅状況

現在の所に引っ越して13年になる。家賃8000円で台所，トイレ共同，風呂なしの3畳1間のアパートを借りている。電話と冷蔵庫はあるが，車，クーラー，電子レンジ，カラーテレビはない。狭すぎるので引っ越ししたいと考えている。

7　その他

最近は自分のことを老人だと思うようになった。寝たきりになった時のことなどは特に考えてはいないが，死んだら献体でもしようと考えている。現在，民謡の先生をしているので，民謡の発表会を年に2回くらいやりたいが，資金がなくてできない。相談相手は近所に住む妹。自分のことをまあまあ幸福で，孤独ではないと思っている。行政には高齢者医療の改善・充実と市営住宅の増設を要望している。

類型E【困窮型】：ケース No. 38　女性73歳

1　健康状態

結核や心臓などに疾患があり，入院していたことがある。現在，歯科，眼科，内科に月3回通院している。

2　職業歴

3歳の時に，父の友人で艀の船乗りをしていた養父のところへ養子として出された。学校に行った経験はなく，船上で手伝いをしながら暮らしていたが，17歳で養父が亡くなったため船を出てからは，水商売などを転々とした。宮大工をしていた最初の夫と結婚したが，1年で夫が結核で亡くなり，兄のやっている艀を手伝いながら子育てをする。21歳で兄の所を出て自殺しようとしたが警官に止められ，土木現場でセメントの袋集めなどをする雑役をして働く。22歳で土木現場で働いていた人と再婚し，飯場を開いてその後7年間は飯炊きをした。飯場が火事で焼けたために夫が出稼ぎに行くようになり，その間自分は農家で草取りなどの軽作業をしていた。45歳で現在の居住地に引っ越してきてからは，運輸会社の電話番をしていたが，けがで辞めた。50歳から60歳の定年までは材木屋の雑役をし，その後はビル掃除（5年間），高齢者事業団（5年間）で働く。夫とは55歳の頃に離婚している。

3　高齢期における生活の変化

最近疲れやすくなったので，自分が老人であると感じるようになった。仕事を退職

し，生活保護を受けるようになってからは，収入が増えて安定している。親族とは昔から義理程度のつきあいで，近所の人とは挨拶を交わす程度のつきあいである。生健会の友人とは時々お茶を飲んだりしている。敬老乗車証を毎日使って外出。政治活動は20年間程続けている。

4　家族状況

　娘4人，息子1人がいるが，結婚して全員独立し，同居子はいない。四女とは2カ月に一度は往来がある。子どもたちから経済的な援助は受けておらず，年金と住宅扶助を合わせた150万円程度である。

5　生活と健康を守る会について

　生健会には知人の勧めで入会し，社会勉強になると思っている。班会では班長を務めていて，会費の集金や新聞配りをしている。

6　住宅環境

　台所・トイレ付き，風呂なしの家賃3万1000円のアパートを借りている。車，クーラー，電子レンジなし。

7　その他

　根気がなくなったので，自分のことを老人だと思っている。しかし自分は幸福で，孤独ではないと感じている。利用している制度は，一人暮らし老人慰問金，安心電話，生活保護である。行政には老人住宅を作って欲しいと望んでいる。

❺ 地域組織としての役割—調査結果からの提言

　鶴見生健会調査に関わり，調査の結果から，筆者はおおむね次のような提言をしました。

　一般的には，生健会とは会員さらに住民にとって種々の生活要求の実現，具体的には相談にのってくれる，問題を解決してくれる，制度を受けられるようにしてくれる地域組織です。生活上の諸問題はその本人の生活歴に規定され，深刻であればあるほど本人からの声となって出てきません。

　生健会活動のひとつの中心は「世話やき活動」にあるといわれますが，この機能は地域が基盤にあって初めて成り立つものです。鶴見生健会では区，ブロック，地区，班という4つのレベルの地域があります。この中で活動の基礎となるのは，末端の班です。鶴見では原則として，町丁目ごとに班が組織されています。班を基礎に会員の主体的活動・運動が展開されているのです。生健会に入会してよかったと思うことで，「いざという時に安心できる」という意

見があります。このことが生健会という地域組織の機能の特徴的一側面だといえます。

　ただし，班の組織がすべての地域をカバーするまでには至っていません。班会への参加の程度という点では，会費納入のみ会員が約半数を占めます。そして，生健会活動に積極的に参加しているといえる人は，機関紙の配布・集金参加者と班会・小集会に参加している人たちで半数弱です。班のレベルから要求を汲み上げ，組織化していくことが十分であるとはいえない状況です。このことが，会員は受動的で，よくいわれる生健会事務局の「請負」主義が入り込む隙を与えているともいえるのです。

　要求を汲み上げ，組織化するとはどういうことでしょうか。全生連運動の組織対象は生活保護基準の1.5倍以下の層ですが，これを鶴見区に当てはめると，区の全世帯数10万世帯の約3分の1の3万世帯が組織対象となります。そうだとすると，組織率は3％弱になります。この3万世帯の生活要求を正しく把握すること，そしてその要求にあった組織・活動のあり方の追求が求められるのではないでしょうか。

　とはいえ，生健会は，その組織発足以来一貫して，潜在化している貧困・低所得階層の諸要求を汲み上げ，その権利保障のあり方を追求してきた地域組織として，わが国における社会保障・社会福祉団体の中でも，ユニークにして重要な役割を担っているといえるのです。

　住民の生活要求・生活の実態を明らかにする調査は，いまも，地域組織としての生健会のあり方を考える前提作業です。

【引用参考文献】
江口英一・川上昌子（2009）『日本における貧困世帯の量的把握』法律文化社
金澤誠一編著（2009）『「現代の貧困」とナショナル・ミニマム』高菅出版
舘逸雄編（1981）『巨大企業の進出と住民生活―君津市における地域開発の展開』東京大学出版会
額田勲（1999）『孤独死―被災地神戸で考える人間の復興』岩波書店
吉田久一・高島進（1964）『社会事業の歴史』誠信書房

第8章

生活に迫る調査を

1 生活分析は政策形成の基礎──制度対象外を把握する

　国民が抱える具体的生活問題を把握することは，社会保障・社会福祉の方向性を考える出発点です。生活に関連する制度，政策，労働さらに社会的活動・運動の目的は，国民の生活問題を解決することにあります。生活問題の現実から，その解決方策を探り，政策を形成すること，あるいは住民活動や社会運動のあり方を示すことが求められているのです。

　政策形成や活動・運動に関わる人々にとっては，住民生活の実態・生活問題の現実についての把握＝生活分析が基礎的な，そして必須の作業です。この生活分析の１つの手段として，社会調査は重要な位置を占めています。

　そして，社会保障・社会福祉領域において調査を設計する場合，重要な点は分析対象の把握をどのように設定するかです。すなわち，制度対象外の問題をどのように位置づけるのか，制度の枠を超えた対象把握というものが視点にあるかどうかによって課題設定の範囲が異なってくるのです。

　本書は，高齢者領域のデータを使って調査の方法を述べてきました。この高齢者領域では，2000年の介護保険制度のスタート以来，高齢者問題は介護を中心に政策が展開されてきました。その結果，介護保険制度以外の高齢者福祉関連制度が縮小してきていることを本書で述べました。

　厚生労働省の「介護保険事業状況報告」によれば，2016年３月末現在の要介護（要支援）認定率は18.5％です。しかし，要介護の認定を受けた高齢者が全員，サービスを利用するわけではありません。介護サービスの利用率を８割とすると，介護保険サービスを利用している65歳以上の高齢者は14.8％となります。つまり，介護保険制度は１割半程度の高齢者の，それも介護の問題をみているに過ぎないのです。この１割半の高齢者に起こっている問題が，高齢者問

題のすべてではありません。残りの8割半の高齢者のなかで起こっている生活問題に目を向ける必要があるのではないでしょうか。実際に，貧困と孤立問題はこの8割半の高齢者のなかで発生しているのです。

　ひとり暮らし高齢者を悉皆で調査することができたということは，ひとり暮らし高齢者が抱えている問題全体をみることができるということです。本書で使ってきた2011年の港区調査において，ひとり暮らし高齢者のうち，介護保険サービスを利用している人は15.7％でした（無回答2.7％。『港区におけるひとり暮らし高齢者の生活と意識に関する調査報告書』2012年，港区政策創造研究所，19頁）。港区調査では，介護保険サービスを利用していない81.6％の生活問題の分析に焦点を当てました。制度対象外の課題，困っていても声を上げない人々の課題，それらの課題を検討するなかから生み出された新たな政策が「ふれあい相談員」事業と「高齢者買い物支援事業」でした。まさに生活分析から政策形成への具体例といってよいと思います。

2　軽視されている低所得高齢者問題
——養護老人ホーム・軽費老人ホーム入所者調査から

　2000年の介護保険制度の導入により，介護サービスは措置から契約のシステムに変わりました。しかし，自分では申請できない，契約になじまない高齢者もいます。老人福祉法では「やむを得ない事由」での措置の規定を設けています。虐待等の理由で，高齢者自身が申請できない，あるいは申請しない場合，地方自治体の長が職権で特別養護老人ホームへの入所を決定することができます。しかし，この措置の件数は多くはありません。そして，重要なことは，高齢者虐待も経済的な背景を伴うものが多いのです。

　高齢者問題は介護問題という考えが広まっているなかで，低所得問題，虐待問題を抱える高齢者に対応してきた養護老人ホームや軽費老人ホームの存在は，あまり注目されない状況が続いていました。

　筆者は，2016年度に公益社団法人全国老人福祉施設協議会が実施した「養護老人ホーム・軽費老人ホームの低所得高齢者への効果的な支援のあり方に関する調査研究」に関わる機会を得ました。研究の一環で，全国老人福祉施設協議

会会員の養護老人ホーム757施設および軽費老人ホーム1142施設の悉皆調査が実施されました。この調査結果から，入所者の部分を紹介したいと思います。なお，入所者調査については10分の１抽出で実施されました。

　まず，養護老人ホームの入所者の収入階層ですが，「150万円以下」が91.2％，「150万１円以上」が5.7％でした（無回答3.1％）。ほとんどが150万円以下であることがわかります。

　次に入所理由をみると，「身体機能の低下」が41.0％と最も多く，ついで「経済的困窮」が38.4％，「家族関係の悪化」と「家族等による虐待」を合わせて22.1％でした（無回答1.5％）。このように，後の２つの経済的理由と家族関係の問題から入所してくる高齢者が全体の60.5％と６割を占めています（平成28年度老人保健事業推進費等補助金老人保健健康増進等事業『養護老人ホーム・軽費老人ホームの低所得高齢者への効果的な支援のあり方に関する調査研究報告書』2017年３月，公益社団法人全国老人福祉施設協議会，100～101頁）。

　同様に，軽費老人ホーム入所者の収入階層をみると，「150万円以下」が61.4％，「150万１円～200万円」が21.0％，「200万１円～300万円」が14.6％，「300万１円」以上が2.2％でした（無回答0.9％）。このように，200万円以下が８割強（82.4％）を占めています。入居理由は，「最後までの住まいの確保として」が57.8％と最も多くなっています（無回答1.8％）。また，入居前の居場所は，「自宅（ひとり暮らし）」が47.8％と最も多く，ついで「自宅（家族と同居・隣居・近居）」が30.1％となっています（無回答2.8％。同上報告書，294～297頁）。

　この報告書に，私は「低所得高齢者が抱える生活問題と老人ホームとしての支援」と題して，次のように書きました。

　　「調査研究を通して一番衝撃を受けたことは，養護老人ホームと軽費老人ホームの利用者である低所得高齢者の実態です。低所得高齢者が抱える問題が，私の予想を超えて深刻であるということです。
　　　私は，軽費老人ホームの部会に所属しました。部会のヒアリング調査の一環で訪問したある施設では，地域での生活に困難を抱えた人が多くなってきている，特に経済的虐待が増えてきている，具体的には，親の年金を当てにする子どもがいて，それが虐待へという流れとなっていること，この施設では全体の２割弱が，そうした背景からの避難ケースであるとのことでした。
　　　私が知っている定員80名の養護老人ホームの例ですが，無年金者が28名いて，お

小遣い金がないこと，自治体によってはお小遣い金が出るところがあるが，お小遣い金が出ない自治体からの入所者には，この施設としてお小遣いを出しているとのことでした。また，この施設で，過去3年間に入所した33人の高齢者の入所理由をリストアップしたところ，その半数が虐待でした。特に同居の息子からの虐待が目立ちます。子ども世代の経済的脆弱性が背後にあるとのことです。

　また，全国的にひとり暮らし高齢者が増加してきていますが，ひとり暮らし高齢者で，家が老朽化して住めなくなり入所，あるいは独居生活をしていたが，認知症が進み，在宅生活が不可能となり入所，家賃滞納でアパートを追い出されて入所等々，こうした入所理由からも今日の生活困難の特徴が見えてきます。

　今，低所得高齢者の生活上に起こっている問題を，まるごと正しく把握することが大切だと痛感しました。（中略）

　地域の高齢者の生活上に起こっている問題を大きく捉え，声を上げない高齢者の問題を把握し，その課題を関係機関との連携の中で考えて行くことが求められていると思うのです。養護老人ホーム・軽費老人ホームの存在意義に確信を持ち，その独自性を発揮する時です。」　　　　　　　　　　　　　　（同上報告書，324～325頁）

　低所得高齢者に対応する生活施設としての養護老人ホーム，軽費老人ホームの役割にもっと注目し，これらの施設が本来対象としている地域に住む高齢者の生活実態に関心をもちたいものです。

3　宮本常一の「生活誌」──語りたいことを引き出す

　さて，筆者の調査地は，都市部だけでなく，過疎地や離島も対象にしてきました。離島調査については，例えば，沖縄県宮古島市においてひとり暮らし高齢者の悉皆調査を実施したのは，2013年でした。また山口県東和町は，日本で最も高齢化率の高い自治体ということで，多くの研究者が調査に入っていましたが，筆者も1998年に東和町の町と社会福祉協議会，そして集落での聞き取り調査をしました。その後，2005年に島全体が1つの自治体に合併し周防大島町となりましたが，その合併直後の2007年にも，周防大島町を訪れて聞き取り調査をしました。

　2017年4月に周防大島町の椎木巧町長と雑誌（『季刊自治と分権』No.68，大月書店，2017年7月）でのインタビューをする機会を得ました。周防大島町へは10年ぶりの訪問でした。周防大島町の高齢化率はすでに52％になっていますが，

町の政策として明るい地域づくりの側面もみえてきたことは嬉しいことでした。

　この周防大島の出身者に民俗学者の宮本常一がいます。今回，周防大島文化交流センターを訪問し，宮本常一の資料を見てきました。そして，久しぶりに『民俗学の旅』（講談社学術文庫）を読み返し，宮本常一の「民俗誌ではなく，生活誌の方がもっと大事にとりあげられるべき」という言葉に共感するものがありました。宮本常一は，次のように述べています。

> 「実は私は，昭和30年頃から民俗学という学問に一つの疑問を持ちはじめていた。ということは日常生活の中から民俗学的な事象を引き出してそれを整理してならべることで民族誌というのは事足りるのだろうか……民俗誌ではなく，生活誌の方がもっと大事にとりあげられるべきであり，また生活を向上させる梃子になった技術についてはもっときめこまかにこれを構造的にとらえてみることが大切ではないかと考えるようになった。
> 　村を歩いて年寄りたちばかりでなく，中年の人も若い人も一番関心の深いのは自分自身とその周囲の生活のこと，村の生活のことである。民俗的な事象を聞くことについて喜んで答えてくれる人は多いのだが，その人たちの本当の心は夜ふけてイロリの火を見ていて話のとぎれたあとに田畑の作柄のこと，世の中の景気のこと，歩いてきた過去のことなど，聞かれて答えるのではなくて，進んで語りたい多くを持っていることであった。人はそれぞれ自分の歴史を持っているのである。まずそういうものから掘りおこしていくこと，そして生きるというのはどういうことかを考える機会を多く持つようにしなければいけないと思った。」
>
> （宮本常一『民俗学の旅』講談社，1993年，192〜193頁）

　宮本がいう「生活誌」の中身は，本書で述べてきた「生活分析」より対象範囲がはるかに広いのです。宮本の分析手法は，生活そのものをまるごと捉えるものといえます。宮本のいう「その人たちの本当の心は夜ふけてイロリの火を見ていて話のとぎれたあとに……聞かれて答えるのではなくて，進んで語りたい多くを持っていることであった」という記述に注目したいのです。

　社会保障・社会福祉領域から生活分析をしてきた者として，一番難しく，また大切にしたいことは住民の〈本当に語りたいこと〉をどう引き出すかということです。

　2004年から05年にかけて，筆者にとっては港区における２度目のひとり暮らし高齢者調査（40％抽出）を実施しました。その二次調査において，筆者も調

査員として訪問した 1 つの事例を，ここで紹介します。

　この方は71歳の女性で，美容室を経営されてきました。若いころの仕事の話を聞くと，外国大使の夫人でパーティに行く人，有名なモデルやホステスがお得意様で，非常に生き生きと語られていました。訪問時点でも美容室を営業していましたが，70歳を超え体力的に自信がなくなり，営業時間を短くし，完全予約制にしているとのことでした。すでに店の名前の入った外の看板をはずし，昔からの客を電話で受けて細々と営業している状態でした。

　この方は 2 部屋12畳の木造賃貸アパートに住んでおられました。専有のトイレ・台所はありますが，お風呂はありません。 1 カ月の家賃は 5 万2000円。今は近くの銭湯が改装中のため，バスに乗って別の銭湯まで行っているとのことでした。

　面接はお店で行われたので，自宅の様子は直接見ていませんが， 3 年前の引越時の段ボールを，私たちが訪問した時点でも，ほとんど開かないで積んだままにしているというのです。このことが非常に気になりました。

　未婚で子どもはいません。ずっとひとり暮らしです。そろそろ美容室の閉店を考えているとのこと。行き来している親族はいません。甥・姪と年 1 回くらい電話で話す程度でほとんど会っていないのです。日頃親しくしている人は「アパートの家主の方」とのことで，月に数回会う程度。親しい友人はいないとのことでした。

　年金額は月 5 万円位で年間約60万円。美容室は賃貸で，その家賃は月 8 万5000円。美容室の収入では足りず，さらに住宅の家賃，週 2 回の通院にかかる費用もあり，預金の引き出しでどうにかやっているとのことでした（『港区におけるひとり暮らし高齢者の生活実態と社会的孤立に関する調査報告書』港区社会福祉協議会，2006年，140〜142頁）。

　実は，調査をした筆者たちは，この方のことが気になり，調査で訪問した翌年，筆者の研究室に招待し，大学院生も一緒に大学食堂で昼食を食べ，研究室でケーキとお茶を用意して数時間の語らいの場を設けました。当日のご本人は着飾り，非常に元気に振る舞っていました。

　人は，ある場面を与えられると頑張ってしまう面がありますが，高齢者への面接調査をしていても，そうした場面に遭遇します。問題を抱えていても何も

困っていないと答える，他人の目があると元気そうに振る舞う——そんな高齢者の一側面について，大学院生と話したのは，この方が研究室を出た後のことでした。

4　「ニーズの萎縮」——生活に迫る調査を

　全国生活と健康を守る会連合会と全日本民主医療機関連合会が共同で「健康で文化的な生活」全国調査を実施しようと準備を進めていることはすでに触れました。調査を通して健康で文化的な生活とは何かを明らかにしようとするもので，2018年春頃に調査を実施する予定です。調査の企画は，「『健康で文化的な生活』全国調査　調査委員会」が行っています。

　この調査委員会において，「ニーズの萎縮」ということが議論されています。つまり，貧困状態にある人は，自らの「健康で文化的な生活」を小さく見積もってしまったり，時にはあえて意識しないようになったりということがあるのではないかということです。自分にとっての最低限度の「健康で文化的な生活」を自覚していないという現実があるのではないか。「ニーズ」は「我慢する，耐える，考えない，諦める」というかたちで潜在化しているというのです。「健康で文化的な生活」全国調査では，こうした「ニーズの萎縮」の現実も明らかにしたいと思っています。

　生活の積極面が薄らぎ，文化的な要素が欠けた実態に気づかされたのは，特に地方での調査のときでした。例えば，山形県でのひとり暮らし高齢者調査です。この調査は，山形県下の全市町村のひとり暮らし高齢者の生活実態と意識を把握するもので，調査の主体は山形県民生委員児童委員協議会でした。調査の設計から集計，分析，報告書の作成まで筆者の研究室が関わりました。調査時点は2011年8月1日現在です。

　調査の対象は，山形県における実質ひとり暮らし高齢者の全数2万7188名です。この調査では，そのうちの20％を市町村ごとに無作為抽出し，抽出総数は5441ケースとなりました。調査の有効回収率は94.8％でした。この高い回収率は異例であり，また得られたデータは非常に貴重だといえます（『山形県におけるひとり暮らし高齢者の生活と意識に関する調査報告書』山形県民生委員児童委員協議

会，2012年）。

　山形県のひとり暮らし高齢者は 9 割が持ち家で，公営住宅は 3 ％弱でした。収入については，「50万円未満」が9.7％でした。年間収入50万円でも月 4 万円程度です。この調査で生活保護基準相当額以下（150万円未満）の人は56.6％と半数強を占めています（無回答を除く）。

　地方では持ち家で，家の周りに野菜を作っている世帯が多いのですが，山形において月に 4 万円で生活している 1 割の高齢者のみならず，全体の半数を占める生活保護基準相当額以下で生活する高齢者の生活の現実は，食べていくだけで文化的な活動がかなり制限されていました。本人が「我慢する，耐える，考えない，諦める」ゆえに，食べること以外の活動が「ニーズ」にはならないのです。

　沖縄県宮古島市での二次調査の訪問面接では，築80年の持ち家で，月 2 万円で生活している90歳代のひとり暮らしの女性に話を聞くことができました。山や畑でとってきたもので食事はまかなっていましたが，生活保護は息子たちに迷惑をかけるから受けようとは思わないと言っていました（『沖縄県宮古島市におけるひとり暮らし高齢者の生活と意識に関する調査報告書』宮古島市社会福祉協議会，2014年，73～74頁参照）。

　「ニーズの萎縮」を超えて，生活に迫る調査を実施したいとつくづく思います。

巻末資料

[平成23(2011)年6月1日現在でお答え下さい]

■あなたご自身のことについておうかがいします

問1 性別のあてはまる方に○をし、年齢をご記入ください。（平成23年6月1日現在でお答え下さい）

1. 男性　2. 女性　　満　　　　　　歳

問2 現在住所を丁目までご記入下さい。　（例：港区芝公園1丁目）

港区　　　　　　　　　　　　丁目　「番」「号」等は記入不要です
（町　　　名）

問3 港区にはおよそ何年間お住まいですか。

　　　　　　年くらい

問4 ひとりでお住まいの期間はおよそ何年間ですか。

　　　　　　年くらい

■お住まいについておうかがいします

問5 あなたがお住まいの住宅は次のどれですか（○は1つ）。

1. 持ち家（一戸建て）　　2. 持ち家（分譲マンション）
3. 民間の賃貸住宅　　　　4. 都営・区営住宅
5. 都市再生機構（UR）等の公的賃貸住宅
6. 社宅・公務員住宅・管理人住宅　　7. 高齢者用住宅・シルバーピア
8. その他（　　　　　　　　　　　　　　　　　）

問6 お住まい（主に生活する部屋）は何階ですか。

　　　　　　階

- 1 -

港区ひとり暮らし高齢者の生活に関する

アンケート調査

平成23年6月

港区政策創造研究所
（港区企画経営部）

※アンケートは、6月14日（火）までにご投函ください。

問7 今の住宅について困っていることは何ですか。あてはまるものすべてに〇をつけてください。

1. 階段の昇り降りが大変　　　　2. エレベーターが設置されていない
3. 浴室・浴槽が使いにくい　　　　4. お風呂が使いにくい
5. トイレが使いにくい　　　　　　6. 居室が狭い
7. 居室が広すぎる　　　　　　　　8. 室内に段差がある
9. 冷房がない　　　　　　　　　　10. 老朽化している
11. その他（　　　　　　　　　）　12. とくに困っていることはない

■健康状態についてうかがいます

問8 ご自身の健康状態についてどのようにお考えですか（〇は1つ）。

1. 良い　　　2. まあ良い　　　3. 普通
4. あまり良くない　　　5. 良くない

問9 (1) あなたは日常生活を送るのになんらかの介助が必要ですか（〇は1つ）。

1. ほとんど自分でできる　　2. 一部介助を必要とする
3. ほとんどすべてに介助を必要とする

(2) あなたの介護保険の要介護度は次のどれにあてはまりますか。（〇は1つ）

1. 要介護認定の申請をしたが非該当だった
2. 要支援1　　　3. 要支援2
4. 要介護1　　　5. 要介護2　　　6. 要介護3
7. 要介護4　　　8. 要介護5
9. 要介護認定の申請をしていない　　10. わからない

(3) あなたは現在、介護保険サービスを利用していますか。

1. 利用している　　　2. 利用していない

- 2 -

■お仕事についてうかがいます

問10 あなたが今までに一番長く従事されたお仕事は何ですか（〇は1つ）。

1. 自営業者・家族従業員　　　　　　　　2. 公務員（教員含む）
3. 会社経営者・会社役員・団体役員　　　4. 勤労者（事務職）
5. 勤労者（生産現場・技術職、工員、運転手など）6. 勤労者（販売サービス業：店員、外交員など）
7. 医療・福祉従事者（看護師、保育士など）
8. 専門的技術的職業（医師、弁護士、研究者など）
9. 臨時職・日雇い・パート・アルバイト・派遣職員
10. 農林漁業　　　　　　　　11. 自由業（執筆業、芸術関係）
12. 専業主婦・専業主夫・無職　　　13. その他（　　　　　　　）

問11 あなたは結婚したことがありますか。

1. 結婚したことがある　　　2. 結婚したことはない → 問13へ

問12 「1. 結婚したことがある」と答えた方へお聞きします。
あなたの配偶者が一番長く従事されたお仕事は何ですか（〇は1つ）。

1. 自営業者・家族従業員　　　　　　　　2. 公務員（教員含む）
3. 会社経営者・会社役員・団体役員　　　4. 勤労者（事務職）
5. 勤労者（生産現場・技術職、工員、運転など）6. 勤労者（販売サービス業：店員、外交員など）
7. 医療・福祉従事者（看護師、保育士など）
8. 専門的技術的職業（医師、弁護士、研究者など）
9. 臨時職・日雇い・パート・アルバイト・派遣職員
10. 農林漁業　　　　　　　　11. 自由業（執筆業、芸術関係）
12. 専業主婦・専業主夫・無職　　　13. その他（　　　　　　　）
14. わからない・覚えていない

問13 あなたは現在、収入のあるお仕事に従事されていますか。

1. はい　　　2. いいえ

- 3 -

■日常生活についてうかがいます

問14　食品や日用品の買い物はどのくらいの頻度でしますか（○は一つ）。

1. 毎日
2. 2～3日に1度くらい
3. 1週間に1度くらい
4. 2～3週間に1度くらい
5. 月に1度くらい
6. その他（　　　　）

問15　食品や日用品の買い物は主にどこでどのようにされていますか。あてはまるものすべてに○をつけてください。

1. スーパーマーケットに買いに行く
2. コンビニに買いに行く
3. 近くの商店に買いに行く
4. デパートに買いに行く
5. 生協等の宅配を利用する
6. 商店に配達を依頼する
7. 車で売り（移動販売）に来るのを利用する
8. インターネット通販（ネットスーパー）
9. ヘルパー等に買ってきてもらう
10. 家族に買ってきてもらう
11. 友人や近所の人に買ってきてもらう
12. その他（　　　　）

問16　普段の買い物で困っていることはどのようなことですか（○はいくつでも）。

1. 近所にお店が少ない
2. お店の営業時間が短い
3. 品揃えが少ない
4. お米など重いものを運ぶのが大変
5. ひとりで買い物に行くのが困難
6. 買い物を頼める人がいない
7. 配達してくれる店がない
8. 宅配の利用方法がわからない
9. その他（　　　　）
10. とくに困っていることはない

問17　買い物について普段感じていることをご自由にお書きください。

問18　現在お住まいの地域についてお困りのことはありますか（○はいくつでも）。

1. 近所に銭湯がない
2. 近所に外食する店がない
3. そば屋や寿司など店屋物をとる店がない
4. 近所に病院や診療所がない
5. 近所にバスの停留所がない
6. 近所に地下鉄・鉄道の駅がない
7. 訪問販売員が多い
8. 防犯上の不安がある
9. 振り込め詐欺など不審な電話がある
10. 物価が高い
11. 地震などの防災対策に不安がある
12. その他（　　　　）
13. とくに困っていることはない

問19　現在、日常生活でお困りのことはありますか（○はいくつでも）。

1. バスや電車、車を使って外出すること
2. 通院・薬とり
3. 食事の準備
4. 掃除や洗濯
5. ごみの分別やごみ出し
6. 銀行や郵便局での手続き
7. 区役所等での手続き
8. 金銭管理や財産保全に関すること
9. 生活に必要な情報を得ること
10. その他（　　　　）
11. とくに困っていることはない

問20　あなたが日常生活で困ったことがあったときには、誰に手伝ってもらっていますか（○はいくつでも）。

1. 子ども（子どもの配偶者、孫など含む）
2. 兄弟・姉妹
3. 親戚
4. 友人・知人
5. 近所の人
6. 民生委員
7. 町会・自治会の人
8. マンションの管理人
9. ホームヘルパー
10. ケアマネジャー
11. 高齢者相談センター（地域包括支援センター）の人
12. 役所の人
13. ボランティア
14. その他（　　　　）
15. 手伝ってもらう人がいない

■港区の保健福祉サービスについてうかがいます

問21　あなたが利用されているサービスのすべてに○をつけてください。

1. 緊急通報システム　　2. 配食サービス
3. 訪問電話　　4. 会食サービス
5. 家事援助サービス　　6. 救急情報の活用支援（救急医療情報キット）
7. 災害時要援護者登録　　8. 孫の手サービス［シルバー人材センター提供］
9. ひとり暮らし高齢者等見守り事業［社会福祉協議会提供］
10. その他（　　　）　　11. 利用しているサービスはない

■家族・親族とのかかわりについてうかがいます

問22　（1）現在、お子さんがいらっしゃいますか。

1. いる　→　2. いない　→　問23へ

（2）お子さん（ご存命の方）は何人いらっしゃいますか。　　　人

問23　（1）あなたが日頃もっともよく行き来をしているご家族・ご親族の方はどなたですか（○は1つ）。

1. 子ども（子どもの配偶者、孫などを含む）　2. 親
3. 兄弟・姉妹　4. 親戚　5. その他（　　）
6. 誰ともほとんど行き来がない　→　問24へ

（2）その方の家はどこにありますか（○は1つ）。

1. 徒歩で行ける範囲　2. 港区内　3. 東京都内
4. 東京都外

（3）その方とはどのくらいの頻度で連絡をしたり行き来したりしていますか（○は1つ）。

1. ほとんど毎日　2. 週に数回　3. 週に1回
4. 月に数回　5. 年に数回　6. その他（　　）

■友人・近隣とのかかわりについてうかがいます

問24　（1）あなたは日頃親しくしている友人・知人がいらっしゃいますか。

1. いる　→　2. いない　→　問25へ

（2）それはどなたですか（○は1つ）。

1. 近所の人　2. 学校時代に知り合った人
3. もとの（今の）職場の人　4. 趣味やスポーツ等を通じて知り合った人
5. その他（　　）

問25　あなたはご近所づきあいをどの程度していますか（○は1つ）。

1. 互いの家をよく行き来するくらい　2. ときどき行き来するくらい
3. 会ったときに世間話をするくらい
4. あいさつをかわすくらい　5. まったくつきあいがない

問26　（1）病気などで手助けを必要とするときにすぐに来てくれる人がいますか（○は1つ）。

1. いる　→　2. いない　→　問27へ

（2）主に来てくれる方はどなたですか（○は1つ）。

1. 子ども（子どもの配偶者、孫を含む）　2. 兄弟・姉妹
3. 親戚　4. 近所の人　5. 友人・知人
6. ケアマネジャーやヘルパーなど介護事業者
7. その他（　　）

問27　今年のお正月（1日から3日まで）はどなたと過ごされましたか（○はいくつも）。

1. 子ども（子どもの配偶者、孫を含む）　2. 親
3. 兄弟・姉妹　4. 親戚　5. 近所の人　6. 友人・知人
7. その他（　　）　8. ひとりで過ごした

問31　この震災に際して、困ったことや考えたことなどをご自由にお書きください。

[記入欄]

■外出・社会参加活動についてうかがいます

問32　普段外出する際の主な手段は何ですか（○は1つ）。
1. 徒歩　　2. 自転車　　3. バイク　　4. 電車
5. バス（乗合バス含む）　　6. 自家用車　　7. その他

問33　(1) 普段の外出頻度は、1週間のうちに何回くらいですか（○は1つ）。
1. ほとんど毎日
2. 1週間に4、5日くらい
3. 1週間に2、3日くらい
4. 1週間に1回くらい
5. ほとんど外出しない

→問34へ

(2)「4. 1週間に1回くらい」または「5. ほとんど外出しない」と答え
た方にうかがいます。
普段外出する機会が少ないのはどのような理由からですか（○はいくつでも）。
1. 家にいるのが好きだから　　2. 出かけるのがおっくうだから
3. 行く場所や用事がないから　　4. 坂や階段が多いから
5. 交通が不便だから　　6. 身体が不自由・健康上の心配があるから
7. その他

問34　普段の外出の際、誰かと話をする機会はどの程度ありますか（○は1つ）。
1. とてもよく話をする　　2. よく話をする　　3. 普通
4. あまり話をしない　　5. ほとんど話をしない

■今年3月11日に発生した東日本大震災についてうかがいます

問28　(1) 3月11日に発生した東日本大震災では、港区でも震度5弱の揺れを観測
しました。この震災のとき、あなたは自宅から避難しましたか。
1. 避難した　　2. 避難しなかった　　→　問29へ

(2)「1. 避難した」と答えた方にうかがいます。どこに避難しましたか。
あてはまるものを1つに○をつけてください。
1. 学校　　2. 学校以外の公共施設　　3. 子どもの家
4. 兄弟や親戚の家　　5. 近所の人の家　　6. 友人の家
7. その他 （　　　　　　　　　）

問29　この震災のあと、連絡を取りあった人（自分から連絡したり、連絡をしてく
れた相手）は誰ですか。あてはまるものすべてに○をつけてください。
1. 子ども（子どもの配偶者、孫なども含む）　　2. 親　　3. 兄弟・姉妹
4. 親戚　　5. 近所の人　　6. 友人・知人　　7. 民生委員
8. 町会・自治会の人　　9. 高齢者相談センター（地域包括支援センター）の人
10. ケアマネジャーやヘルパーなど介護事業者
11. その他 （　　　　　　　　　）　　12. 誰とも連絡を取りあわなかった

問30　この震災のときに困ったことはどんなことでしたか。
あてはまるものすべてに○をつけてください。
1. 家のなかに散乱したものを片付けるのが困難だった
2. 家が壊れ、修理が必要になった　　3. 避難する場所がわからなかった
4. 電車やバスが動かず、帰宅することが困難だった
5. 余震が続いて不安だった　　6. 水や食料、日用品が手に入らなくて困った
7. 電池や懐中電灯など防災用品が手に入らなくて困った
8. 停電に関する情報がわかりにくかった
9. 福島第一原発の事故や放射性物質に関する情報がわかりにくかった
10. 相談する人がいなくて困った　　11. その他 （　　　　　　　　　）
12. とくに困ったことはなかった

■生活の様子についてうかがいます

問37 次の項目のそれぞれについて「とてもそう思う」から「まったくそう思わない」までの5段階のうち、あなたの気持ちに近いものを選んでください。

	とても そう思う	まあ そう思う	どちらとも いえない	あまりそう 思わない	まったくそう 思わない
(1) 今のくらしには張り合いがある	1	2	3	4	5
(2) 今のくらしにはストレスが多い	1	2	3	4	5
(3) 生活は充実している	1	2	3	4	5
(4) 生活していて不安や心配がある	1	2	3	4	5
(5) 趣味をしている時間は楽しい	1	2	3	4	5
(6) 友人との関係に満足している	1	2	3	4	5
(7) 近所づきあいに満足している	1	2	3	4	5
(8) 自分は頼りにされていると思う	1	2	3	4	5
(9) 周囲から取り残されたように感じる	1	2	3	4	5
(10) 将来の生活は安心できる	1	2	3	4	5

問35 (1) あなたが地域で参加している団体や集まりは何ですか (○はいくつでも)。

1. 趣味の会 (囲碁・将棋・俳句・カラオケ・お花・盆栽・お茶など)
2. 社会活動 (同窓会・PTAなどの子育ての頃の団体・生協活動など)
3. 健康づくりの活動 (スポーツ・体操教室など)
4. 介護予防事業 (健康トレーニング・筋力向上トレーニングなど)
5. 学習の会　6. 老人クラブ　7. ボランティア活動
8. 町会・自治会　9. その他 (　　　　　　)
10. 参加していない

(2) 参加していない理由は何ですか (○はいくつでも)。

1. 時間がない　2. 自分の興味をひくものがない
3. 体の調子が悪い　4. 費用がかかる
5. 近くに活動がない　6. それらの活動を知らない
7. 一緒に参加する仲間や友人がいない　8. 参加したくないから
9. その他 (　　　　　　)

(3) 地域で団体や集まりに参加している方、今は参加していないが、すべての方にうかがいます。今後、地域で団体や集まりに参加したいと思いますか。

1. とてもそう思う　2. まあそう思う　3. どちらともいえない
4. あまりそう思わない　5. まったくそう思わない

問36 あなたは区の行政サービスに関する情報をどこから得ていますか。あてはまるものすべてに○をつけてください。

1. 広報みなと　2. 区の刊行物 (「いきいき」など)　3. 回覧板
4. テレビ (ケーブルテレビ)　5. ラジオ　6. 新聞・雑誌
7. インターネット　8. 区役所や支所などの窓口　9. 民生委員
10. 家族・親戚　11. 近所の人　12. 友人・知人
13. その他 (　　　　　　)

■経済状況についてうかがいます

つぎに、立ち入ったことをお聞きしますが、どうぞお答え下さいますようお願いいたします。結果は統計として処理され、個人のデータが漏れることはありません。

問38 あなたの1年間の収入は大体いくらぐらいですか（○は1つ）。

1．50万円未満
2．50万円以上～100万円未満
3．100万円以上150万円未満
4．150万円以上200万円未満
5．200万円以上400万円未満
6．400万円以上700万円未満
7．700万円以上1000万円未満
8．1000万円以上

問39 あなたの預貯金（有価証券、株券は除く）はいくらぐらいですか（○は1つ）。

1．100万円未満
2．100万円以上～200万円未満
3．200万円以上300万円未満
4．300万円以上400万円未満
5．400万円以上500万円未満
6．500万円以上750万円未満
7．750万円以上1000万円未満
8．1000万円以上5000万円未満
9．5000万円以上

問40（1）現在のあなたの収入は次のどれですか（○はいくつでも）。

1．年金
2．生活保護
3．預貯金
4．利子、配当、家賃、地代
5．子どもなどからの仕送り、援助
6．仕事による収入
7．その他（　　　　　　　　　　　　　）

（2）そのうちの主なものを1つ選んで回答欄に番号を書いてください。

回答欄（　　　　　）

- 12 -

問41 現在のご自身の経済状況についてどのように感じていらっしゃいますか。あてはまるものの1つに○をつけてください。

1．かなり余裕がある
2．やや余裕がある
3．余裕はないが生活していくには困らない
4．やや苦しい
5．かなり苦しい

問42 区に対するご意見や、あなたの生活でお困りのことがあれば、何でもご自由に記入して下さい。

- 13 -

面接調査ご協力のお願い

港区では、今年9月に二次調査としてご家庭を訪問し、生活の様子についてお聞きしたいと考えております。ご協力いただける方は、次の欄にお名前やご連絡先をご記入ください。個人の情報が洩れることはございません。下記の連絡先をご記入いただいた方のなかから、数十名の方を対象に訪問させていただく予定です。あらかじめご了承ください。

面接調査には、港区から委託を受けた株式会社日本統計センターから調査員が同いいます。面接調査の対象となった方へは、日時等につきまして、8月中旬ごろから、株式会社日本統計センターよりご連絡申し上げます。どうぞよろしくお願い申し上げます。

二次調査の訪問を受けたくない方は、以下の欄には何も記入しないでください。

※二次調査（ご家庭への訪問）にご協力いただける方のみご記入ください

氏　　名：＿＿＿＿＿＿＿＿＿＿＿＿

住　　所：〒　　　－

　　　　　東京都港区

電話番号：＿＿＿＿＿＿＿＿＿＿＿＿

アンケートは以上で終了です。
この調査票は 6 月 14 日（火）までに、同封の回収用封筒に入れ、封をして投函してください。
ご協力ありがとうございました。

港区ひとり暮らし高齢者面接調査 （二次調査）

調査時点：2011 年 9 月 1 日現在

1次調査ID		類型番号		地区	
本人氏名			年齢		歳
住所			電話番号		
調査員氏名					

■面接調査実施日

訪問日	時　間	備　考
月　日（　）	：　～　：	

■住宅状況

住居形態	持家（一戸建て・集合住宅） 区営・都営　その他（　）	居住	階
	民間賃貸（一戸建て・集合住宅）	階数	階
間取り（2LDK等）		ELV　ある・ない	
築年数（おおまかに）	年くらい　木造・鉄筋コンクリート・その他（　）		

【住宅の状況】※風呂・トイレ・台所の有無、室内の様子、老朽化の状況等

【住宅について困っていること】※段差、設備など住宅に関する困りごとなど

■地域環境（観察）

住宅街 ・ 商店街 ・ ビル群 ・ マンション ・ その他

周辺の様子

■生活歴・職業歴

【出身地】※生まれ育った地域（○○県△△市など）

【成育家族の構成（兄弟数）・親の職業や暮らしぶり】※答えられる範囲内で
＊質問例「子ども時代や学生時代／ 各ころはどのように過ごされたのですか」

【学歴（学校名は不要）・職業歴（会社名は不要）】※答えられる範囲内で】※おもに職業歴を。

【生活歴】※転居歴（港区に来た経緯や暮らしぶり、結婚、家族とのかかわり、過去～現在の親族ネットワークなど
＊質問例「独立されてからはどのように過ごされたのですか」「港区にずっとお住まいなのですか」「ご親戚は」

■健康状態・通院の状況
【健康状態】※観察した様子を中心に（在宅酸素、杖歩行、動きが緩慢 など）

【健康管理について】※健康維持や健康管理について気にしていることや、行っていること（健康づくりの運動など）

【通院状況】※定期的な通院や入院した経験など

【サービスの利用状況】※介護保険や区の保健福祉サービス等の利用状況（何を利用しているか）

■現在の生活状況
【生活リズム（時間）】※生活リズムの把握　起床・就寝時刻、食事の時間など

【日中の過ごし方】※食事・入浴・家事等の様子　※主に何をして過ごしているか　※外出・社会参加・友人との交流の様子

3

[日常的支援について]※日常的に誰かの手助けを得ているか・・得ているとすれば誰か・手助けの内容など

[地域環境について（主観）]※道路が広くて歩きにくいなど本人が地域環境について感じていること

■買い物の状況について
【普段の買い物の状況について】※頻度・買い物先または方法　※1次データの補足

【買い物について困っている・不安に思っていることや要望】※現在困っていること、将来の不安、要望など

4

【民生委員について】

◎担当の民生委員を知っているか

◎民生委員が訪ねてくるか

■今後の生活について

【経済状況について】※いまどのように感じているか、将来についてはどう感じているか

【将来の生活について】※これからの生活で心配していること、考えていることなど

■行政サービスへの期待

【行政への期待や要望】※行政サービスへの期待や要望など

■緊急時対応（病気やけがなど支援を要する状態になったときに助けてくれる人の存在）

緊急時に来てくれる人	いる ・ いない
誰が来てくれるのか	
その居住地と所要時間	
その人との普段の関係	

■正月三が日の過ごし方

【正月三が日の過ごし方】※今年/一昨の年の正月三が日を誰と過ごしたか／昔と今で変化はあるか

■近隣関係について

【近所づきあいの程度と状況】※どんな風に付き合っているか、近所づきあいについて思うこと

【町会・自治会について】※加入状況（加入の有無）と町会活動の状況

回覧板が　ある ・ ない

■ その他（特記事項）

■ 調査員所見

調査員氏名：

調査員氏名：

索　　引

【執筆者紹介】
河合　克義 (かわい　かつよし)

1949年　北海道生まれ
明治学院大学大学院社会学研究科社会学・社会福祉学専攻博士課程修了(専攻は地域福祉論)。フランス ナンシー大学社会学研究所客員研究員（1981～82年），明治学院大学社会学部長・副学長を歴任。現在，明治学院大学大学院社会学研究科主任教授。

港区政策創造研究所初代所長，総務省「今後の都市部におけるコミュニティのあり方に関する研究会」座長（2012～14年），同「都市部におけるコミュニティの発展方策に関する研究会」座長（2014～15年），内閣府「地域活動における男女共同参画に関する実践的調査研究検討会」座長（2016～17年）を歴任。現在，葛飾区介護保険事業審議会会長，港区地域包括ケアシステム推進会議委員長，東京都生活協同組合連合会理事などの職にある。

【主な調査】
『東京都港区におけるひとり暮らし高齢者の生活と社会的孤立に関する調査報告書―地域ネットワークの新たな展開を求めて―』港区社会福祉協議会，1995年
『港区におけるひとり暮らし高齢者の生活実態と社会的孤立に関する調査報告書』東京都港区社会福祉協議会，2006年
『千葉県君津市における高齢者二人世帯の生活と意識に関する調査報告書』君津市社会福祉協議会，2010年
『港区におけるひとり暮らし高齢者の生活と意識に関する調査報告書』港区政策創造研究所，2012年
『山形県におけるひとり暮らし高齢者の生活と意識に関する調査報告書』山形県民生委員児童委員協議会，2012年
『港区における75歳以上高齢者を含む2人世帯の生活に関する調査報告書』港区政策創造研究所，2013年

【主な著書】
『大都市のひとり暮らし高齢者と社会的孤立』法律文化社，2009年
『福祉論研究の地平―論点と再構築』（編著）法律文化社，2012年
『社会的孤立問題への挑戦』（共編著）法律文化社，2013年
『老人に冷たい国・日本―「貧困と社会的孤立」の現実』光文社新書，2015年

長谷川　博康 (はせがわ　ひろやす)

1970年　兵庫県生まれ
神戸大学大学院経済学研究科博士前期課程修了。

SPSS株式会社，ボーダフォン株式会社，ソフトバンクモバイル株式会社，エクスペリアンジャパン株式会社とデータ分析を行う。現在，独立し（株式会社スタテックス代表）多くの企業で統計解析やデータマイニング，それらの教育，分析のコンサルティングを行う。その傍ら，港区政策創造研究所特任研究員，明治学院大学大学院非常勤講師を務める。

【主な調査】
『港区におけるひとり暮らし高齢者の生活と意識に関する調査報告書』港区政策創造研究所，2012年
『港区における75歳以上高齢者を含む2人世帯の生活に関する調査報告書』港区政策創造研究所，2013年
『港区における子どもと子育て家庭の生活と意識に関する調査報告書』港区政策創造研究所，2014年

【主な著書】
『すぐに使えるSPSSによるデータ処理Q&A』（共著）東京図書，2002年

Horitsu Bunka Sha

生活分析から政策形成へ
——地域調査の設計と分析・活用

2017年11月5日　初版第1刷発行

著　著　河合克義・長谷川博康

発行者　田靡純子

発行所　株式会社 法律文化社

〒603-8053
京都市北区上賀茂岩ヶ垣内町71
電話 075(791)7131　FAX 075(721)8400
http://www.hou-bun.com/

＊乱丁など不良本がありましたら，ご連絡ください。
　お取り替えいたします。

印刷：西濃印刷㈱／製本：㈱吉田三誠堂製本所
装幀：白沢　正

ISBN 978-4-589-03876-0

ⓒ 2017 K. Kawai, H. Hasegawa Printed in Japan

河合克義著 **大都市のひとり暮らし高齢者と社会的孤立** A 5 判・360頁・5400円	東京港区と横浜鶴見区での大規模かつ精緻な調査をもとに，ひとり暮らし高齢者の生活実態と孤立状況をあぶりだす。特に親族・地域ネットワークに焦点をあて，その質と量を分析。「全市区町村別ひとり暮らし高齢者出現率」など興味深い資料付き。
河合克義・菅野道生・板倉香子編著 **社会的孤立問題への挑戦** —分析の視座と福祉実践— A 5 判・284頁・2500円	高齢者，障害者，子育て，被災者…。社会的孤立は日本社会が構造的に生みだした病理であり，生きづらさである。その実態と論点を多面的に整理・検証し，実践者による取り組みの現状と課題報告を通し，福祉実践・政策のあり方を示す。
河合克義編著 **福 祉 論 研 究 の 地 平** —論点と再構築— A 5 判・246頁・3000円	現実の生活問題を解決できる福祉政策とは？70年代後半から今日までの研究・政策動向における重要論点を分野横断的に考察。貧困とその実態を見すえて制度再構築を構想し，実践と研究の展望を示す。
松本伊智朗編 **「子どもの貧困」を問いなおす** —家族・ジェンダーの視点から— A 5 判・274頁・3300円	貧困の本質は「構造的な不平等」である。子どもの貧困を生みだす構造のなかに家族という仕組みを位置づけ，同時に歴史的に女性が負ってきた社会的不利を考察，論究する。「政策」「生活の特徴と貧困の把握」「ジェンダー化された貧困のかたち」の3部12論考による貧困の再発見。
轟　亮・杉野　勇編 **入門・社会調査法**〔第3版〕 —2ステップで基礎から学ぶ— A 5 判・270頁・2500円	量的調査に焦点をあわせた定評書の改訂版。コンピューター支援型調査等の最新情報を盛り込んでさらに充実。調査を実施する前提としての基礎と実践的な発展にわけて解説。社会調査士資格取得カリキュラムA・B・G対応。
玉井金五・杉田菜穂著 **日本における社会改良主義の近現代像** —生存への希求— A 5 判・292頁・6200円	大河内一男，福武直，上田貞次郎……人口・社会問題≒生命・生活問題を軸に，戦前戦後の社会改良主義の学問的鉱脈を探索し，現代と対峙する。思想・学説と政策制度の絡み・構造を通して原点に返り，現代を見通す。

—————————法律文化社—————————

表示価格は本体（税別）価格です